APRENDA RÁPIDO: LECTURA/ READING

APRENDA RÁPIDO: LECTURA/ READING

LEARNINGEXPRESS®

NEW YORK

Library of Congress Cataloging-in-Publication Data:

Aprenda rapido. Lectura/reading.—1st ed.

    p. cm.

  ISBN 978-1-57685-657-4

  1. English language—Textbooks for foreign speakers—Spanish.   I. LearningExpress (Organization)   II. Title: Lectura / reading.

PE1129.S8A646 2008

428.2'461—dc22

                                    2008029192

Printed in the United States of America

9 8 7 6 5 4 3 2 1

First Edition

For more information or to place an order, contact LearningExpress at:

  2 Rector Street

  26th Floor

  New York, NY 10006

Or visit us at:

  www.learnatest.com

Contenido ▶

Cómo usar ▶ este libro

ESTE LIBRO ESTÁ diseñado para ayudar al lector a mejorar sus habilidades de lectura y comprensión. Usted puede empezar con lo básico para después adentrarse en lecturas y análisis críticos más complejos. Por favor tenga en cuenta que a pesar de que cada capítulo se puede usar individualmente como herramienta de aprendizaje, es importante seguir las lecciones en orden, desde la 1 hasta la 20. Cada lección está construida sobre la base de las ideas anteriores. A medida que estudie este libro y desarrolle sus habilidades de lectura, las lecturas incrementarán tanto en contenido como en complejidad.

El libro comienza con una prueba de evaluación que le permitirá ver inmediatamente a qué nivel puede leer, comprender y contestar algunas preguntas. Una vez que haya terminado el libro, tome el examen final para determinar cuánto ha mejorado.

El texto está dividido en cuatro secciones. Cada una se enfoca en distintos grupos de estrategias de lectura y comprensión relacionados. Estas estrategias se resumen al comienzo de cada sección y luego se examinan en una lección final, "Putting It All Together."

Cada lección contiene bastantes ejercicios que le permitirán practicar las habilidades y técnicas adquiridas. Cada lección también contiene respuestas y explicaciones para cada pregunta. En cada capítulo encontrará sugerencias prácticas que le permitirán practicar lo aprendido durante todo el día y la semana.

Lo más importante que puede hacer para mejorar sus habilidades de lectura es hacerse un lector activo. De todas maneras, el resto del prólogo presenta algunos de los puntos más importantes sobre la lectura activa para que usted pueda comenzar a practicarlos desde la primera lección.

▶ Hacerse un lector activo

La habilidad de leer y pensar críticamente requiere de una lectura activa. El ser un lector activo significa envolverse mental y físicamente en la lectura. Los buenos lectores logran hacerlo de estas tres maneras:

- Hojeando y revisando el material
- Subrayando el texto
- Haciendo observaciones específicas sobre el texto

Hojear y revisar el material

El hojear el material de antemano le ayuda a deducir el contenido del material que leer. Hojee el texto que se dispone a leer. Tome nota de la organización del texto, de los temas principales y del orden en que se estudierán. Advierta palabras claves e ideas impresas en negrillas, encajonadas o en relieve. Revisando el texto así, de antemano, usted se prepara para comenzar con las lecturas. Es como tantear el terreno antes de comenzar a correr en una competencia automovilística. Si uno sabe de antemano lo que le espera, sabe como tiene que proceder y se prepara para lo que está a venir.

Una vez terminada su tarea de lectura, retroceda. Revise el material, los títulos y la información en relieve del texto. Incluya lo que el autor seleccionó y su selección. Al revisar, usted ayuda a solidificar las ideas e información que acaba de leer. Esto le hará recordar cómo cada idea se relaciona con el resto del material, y cómo se conecta con la información. Cuando aprenda a hacer conecciones entre ideas, le será más fácil recordarlas.

Subrayar el texto

Al subrayar el texto se crea una conección física entre el lector y las palabras que se leen. El subrayar hace que uno preste más atención a las palabras leídas y empuja al lector a otro nivel de comprensión. El subrayar el texto incluye tres estrategias específicas:

- Marcar o subrayar las palabras e ideas claves
- Poner en círculo y definir palabras o frases no conocidas
- Tomar apuntes y escribir preguntas al margen de página

Marcar o subrayar palabras e ideas claves

Cuando usted subraya palabras e ideas claves, está marcando las partes principales del texto que lee. Aquí se presenta una estrategia muy importante; usted no puede marcar o subrayar todo. Tiene que saber diferenciar entre los hechos y las ideas que son más importantes (ideas principales) y los menos importantes (ideas menores o secundarias). Usted tiene que subrayar solamente las ideas principales, y no terminar con un libro totalmente marcado.

Si su texto está marcado, se beneficiará mucho más a la hora de revisar el material ya que rápidamente recordará las ideas más importantes. El tener marcada o subrayada la idea principal, también le ayudará a recordar más claramente lo que leyó.

Encerrar en un círculo palabras no conocidas

Uno de los hábitos más importantes que desarrollar es el encerrar en círculos y buscar el significado de palabras o frases desconocidas. Si es posible, no debe sentarse para leer sin tener un diccionario al lado. No es infrecuente que el significado de una oración dependa del significado de una sola palabra o frase; lo que significa que si uno no sabe el significado de esa palabra o frase uno no podrá entender la oración. Además, este hábito facilita que usted aumente rápida y constantemente su vocabulario, y que, como resultado, llegue a ser un lector y orador más confidente.

Si no posee un diccionario a mano, trate de determinar, lo mejor que pueda, el significado de la palabra según el contenido—es decir, las palabras e ideas de la misma oración o frase (más acerca de esto en el capítulo 3). Después, asegúrese de buscar la palabra en cuanto tenga tiempo para estar seguro de su significado.

Apuntes al margen de página

El escribir sus preguntas y reacciones en los márgenes de página lo convertirá de un recipiente de información pasivo en un participante activo. (Si usted está leyendo un libro de la biblioteca, escriba sus reacciones en un cuaderno separado.) Obtendrá mucho más acerca de las ideas e información que lee si crea una "conversación" ficticia con el escritor. Algunos ejemplos del tipo de reacciones que usted puede escribir al margen o en un cuaderno separado son:

- Preguntas que generalmente aparecen cuando uno lee pueden ser contestadas más tarde. "¿Por qué describe la nueva regla de asistencia pública como desventajosa?" o "¿Por qué el personaje reacciona de esa manera?"
- Acuerdos y desacuerdos con el escritor se llevarán a cabo si está leyendo activamente. Escriba lo que piensa, por ejemplo: "¡No es necesariamente correcto!" o "Esta nueva medida tiene mucho sentido para mí."

- Conexiones que note; pueden ser entre el texto y algo leído anteriormente, o entre el texto y su propia experiencia. Por ejemplo: "Recuerdo haber sentido lo mismo cuando yo . . ." o "Esto se asemeja a lo que pasó en China."
- Evaluaciones son una manera de mantener la honestidad del autor. Si cree que el autor no está dando suficiente material para apoyar sus ideas y lo que hace, o que hay algo erróneo con el material, puede decir lo que siente: "El autor dice que el dejar caer la bomba era inevitable pero no explica el porqué" o "Ésta es una razón muy personal."

▶ Haciendo observaciones

Los mejores lectores saben que los escritores usan estrategias variadas para expresar sus ideas. Aun cuando sepa muy poco acerca de esas estrategias, puede hacer observaciones útiles sobre el material leído. Estas observaciones le ayudarán a comprender y recordar mejor las ideas del autor. Por ejemplo, puede ser que reconozca la selección de palabras del autor, la estructura de las oraciones y párrafos, las repeticiones de ideas o palabras, los detalles importantes de gente y lugares y muchas otras cosas.

Este paso—hacer observaciones—es esencial porque las observaciones que anota le llevarán a hacer inferencias lógicas acerca de lo que se lee. Las inferencias son conclusiones basadas en evidencia, hechos o razones. Por ejemplo, si se da cuenta de que el cielo está lleno de nubes grises y cargadas, puede inferir que va a llover. Si nota que su compañero de trabajo tiene en su escritorio un montón de libros de jardinería, puede inferir o deducir que a él o a ella le gusta la jardinería.

Si no entiende bien lo que lee, es muy probable que no haya prestado mucha atención al texto. Como resultado, sus inferencias estarán basadas en sus propias ideas o experiencias y no en lo que realmente está escrito en el texto. Acabará por forzar sus ideas sobre las del autor en lugar de escuchar lo que tiene que decir y cómo tiene que formular sus propias ideas. Entonces, es muy importante que usted comience realmente a prestar atención a lo que se dice y cómo se dice.

Si esto no está muy claro ahora, no se preocupe; cada una de estas ideas se explicará con más detalle en las lecciones que siguen. Lo importante ahora es que comience a practicar el leer activamente de la mejor manera posible. Comience por tomar el examen de evaluación.

APRENDA RÁPIDO: LECTURA/ READING

Prueba de evaluación ▶

ANTES DE COMENZAR a estudiar cómo mejorar sus habilidades de lectura, sería bueno saber cuánto ya sabe y cuánto más necesita aprender. Si está de acuerdo, tome la prueba que sigue. Esta prueba se compone de 50 preguntas cortas que cubren todas las lecciones del texto. Naturalmente, las 50 preguntas no cubren cada uno de los conceptos o las estrategias que aprenderá en este libro. De todas maneras, aun si usted no responde bien a todas las preguntas de la prueba evaluativa, se le garantiza que en este libro encontrará ideas y técnicas de lectura que no conocía. Por otra parte, si usted no logra contestar muchas de las preguntas de esta prueba, no se desespere. Este libro le enseñará paso a paso a leer más efectivamente.

Use esta prueba para tener una idea general del material que sabe de este texto. Si obtiene un puntaje alto, quizás tenga que consagrar menos tiempo al texto que inicialmente pensaba. Si obtiene un puntaje bajo, es muy probable que necesite más de 20 minutos al día para cubrir cada capítulo y para mejorar su capacidad de lectura.

En la página siguiente hay una hoja de respuestas que puede usar y llenar con las respuestas correctas. Si el libro no es suyo, escriba en otra hoja los números del 1 al 50 y escriba en ella sus respuestas. Pase el tiempo que sea necesario con esta prueba. Una vez que termine, revise sus respuestas y compárelas con la lista al final de esta lección. Cada respuesta indica qué lección del libro contiene las estrategias necesarias y relacionadas con la pregunta.

1.	ⓐ	ⓑ	ⓒ	ⓓ		21.	ⓐ	ⓑ	ⓒ	ⓓ		41.	ⓐ	ⓑ	ⓒ	ⓓ
2.	ⓐ	ⓑ	ⓒ	ⓓ		22.	ⓐ	ⓑ	ⓒ	ⓓ		42.	ⓐ	ⓑ	ⓒ	ⓓ
3.	ⓐ	ⓑ	ⓒ	ⓓ		23.	ⓐ	ⓑ	ⓒ	ⓓ		43.	ⓐ	ⓑ	ⓒ	ⓓ
4.	ⓐ	ⓑ	ⓒ	ⓓ		24.	ⓐ	ⓑ	ⓒ	ⓓ		44.	ⓐ	ⓑ	ⓒ	ⓓ
5.	ⓐ	ⓑ	ⓒ	ⓓ		25.	ⓐ	ⓑ	ⓒ	ⓓ		45.	ⓐ	ⓑ	ⓒ	ⓓ
6.	ⓐ	ⓑ	ⓒ	ⓓ		26.	ⓐ	ⓑ	ⓒ	ⓓ		46.	ⓐ	ⓑ	ⓒ	ⓓ
7.	ⓐ	ⓑ	ⓒ	ⓓ		27.	ⓐ	ⓑ	ⓒ	ⓓ		47.	ⓐ	ⓑ	ⓒ	ⓓ
8.	ⓐ	ⓑ	ⓒ	ⓓ		28.	ⓐ	ⓑ	ⓒ	ⓓ		48.	ⓐ	ⓑ	ⓒ	ⓓ
9.	ⓐ	ⓑ	ⓒ	ⓓ		29.	ⓐ	ⓑ	ⓒ	ⓓ		49.	ⓐ	ⓑ	ⓒ	ⓓ
10.	ⓐ	ⓑ	ⓒ	ⓓ		30.	ⓐ	ⓑ	ⓒ	ⓓ		50.	ⓐ	ⓑ	ⓒ	ⓓ
11.	ⓐ	ⓑ	ⓒ	ⓓ		31.	ⓐ	ⓑ	ⓒ	ⓓ
12.	ⓐ	ⓑ	ⓒ	ⓓ		32.	ⓐ	ⓑ	ⓒ	ⓓ
13.	ⓐ	ⓑ	ⓒ	ⓓ		33.	ⓐ	ⓑ	ⓒ	ⓓ
14.	ⓐ	ⓑ	ⓒ	ⓓ		34.	ⓐ	ⓑ	ⓒ	ⓓ
15.	ⓐ	ⓑ	ⓒ	ⓓ		35.	ⓐ	ⓑ	ⓒ	ⓓ
16.	ⓐ	ⓑ	ⓒ	ⓓ		36.	ⓐ	ⓑ	ⓒ	ⓓ
17.	ⓐ	ⓑ	ⓒ	ⓓ		37.	ⓐ	ⓑ	ⓒ	ⓓ
18.	ⓐ	ⓑ	ⓒ	ⓓ		38.	ⓐ	ⓑ	ⓒ	ⓓ
19.	ⓐ	ⓑ	ⓒ	ⓓ		39.	ⓐ	ⓑ	ⓒ	ⓓ
20.	ⓐ	ⓑ	ⓒ	ⓓ		40.	ⓐ	ⓑ	ⓒ	ⓓ

Esta prueba consiste en una serie de lecturas cortas seguidas por preguntas para evaluar su capacidad de comprensión.

Mt. Kindred Adds Psychology Courses

Mount Kindred College hopes to draw more students from the community with two new early childhood course offerings this fall. Department Chair Jane Fairbanks announced Tuesday that the course titles will be The Myth of the Difficult Child and Three R's or Two T's?: Real Learning or Tantrums in Tandem? The latter course will be an observational lab held at The Learning Academy, the preschool on campus.

New faculty member Dr. Allison Landers will instruct both courses. Landers received her Ph.D. in 1995 from Northwestern University, where she wrote a dissertation on the pedagogical effectiveness of preschools. According to Fairbanks, Dr. Landers concluded that academic results are questionable, but that preschools have extensive side benefits.

The courses are part of Mount Kindred's Project Outreach, which aims to draw more nontraditional students to the college. The project was initiated in 1993, according to Dr. Fairbanks, in order to better serve the five-county area. Mount Kindred is the only college in the region, and the governor-appointed Board of Trustees mandated that more efforts be made to involve the community in college programs. Dr. Fairbanks also disclosed that the college's enrollment has fallen 10% over the past five years, while the state university in Unionville has seen an increase in enrollment.

The observational course meets one of the Psychology bachelor program lab requirements. It may also be of special interest to parents who wish a greater understanding of childhood learning behaviors. The Myth of the Difficult Child is scheduled on weekday evenings in order to make it easier for working parents to attend. Contact the Psychology Department at 777-4531 for more information, or drop by the office in Powell Hall. Other college departments will be announcing Project Outreach courses in the coming weeks. For a complete listing, refer to the fall course catalogue, available at the Crabtree, the campus bookstore, beginning August 1.

1. The Myth of the Difficult Child course will be held
   a. in Unionville, in order to attract students attending the university there.
   b. at the campus preschool, to allow direct observation of learning environments.
   c. at night, for the convenience of people who work during the daytime.
   d. in the early morning, so working parents can trade off childcare responsibilities.

2. Which of the following statements is correct?
   a. Professor Landers will teach both courses.
   b. People wanting course catalogues should call the Psychology Department.
   c. The new courses begin August 1.
   d. The campus preschool is called the Crabtree.

3. According to Jane Fairbanks, what was the direct cause of Project Outreach?

   a. The Psychology faculty believed that members of the community should develop a greater understanding of their children's education.

   b. Professor Landers's talents and interests were particularly suited to community involvement.

   c. The Board of Trustees was appointed by the governor in 1993 and needed to find ways to spend its budget.

   d. The Board of Trustees directed Mount Kindred College to strengthen its community involvement efforts.

4. Which of the following factors is implied as another reason for Project Outreach?

   a. Enrollment has been going down, and the college wishes to attract more students.

   b. The college has discriminated against lower-income community members in the past.

   c. Many parents who have previously studied psychology live in the five-county area.

   d. The Board of Trustees wants a more academically vigorous curriculum.

5. From the context of the passage, it can be determined that the word *pedagogical* in Professor Landers's dissertation is related to

   a. unfair attitudes.

   b. teaching.

   c. psychological disorders.

   d. behavior.

6. The "Myth of the Difficult Child" course title implies that Professor Landers

   a. believes that telling stories about children will help us understand them better.

   b. wants to convince her students of the need for strong behavior controls.

   c. questions the validity of the label "difficult" when applied to children.

   d. thinks poorly behaved children tell stories in order to justify their behavior.

7. Which of the following correctly states the primary subject of this news article?

   a. the politics guiding the decision of the Board of Trustees that led to the establishment of Project Outreach

   b. Professor Landers's appointment to Mount Kindred College's Psychology Department

   c. two new early childhood psychology course offerings at Mount Kindred College

   d. the needs of the community in relation to Mount Kindred College

8. This article is organized in which of the following ways?

   a. in chronological order, from the past to the future

   b. most important information first, followed by background and details

   c. background first, followed by the most important information and details

   d. as sensational news, with the most controversial topic first

(Selección del prólogo de un ensayo sin título)

John Steinbeck's *Grapes of Wrath*, published in 1939, was followed ten years later by A. B. Guthrie's *The Way West*. Both books chronicle a migration, though that of Guthrie's pioneers is considerably less bleak in origin. What strikes one at first glance, however, are the commonalities. Both Steinbeck's and Guthrie's characters are primarily farmers. They look to their destinations with nearly religious enthusiasm, imagining their "promised" land the way the Biblical Israelites envisioned Canaan. Both undergo great hardship to make the trek. But the two sagas differ distinctly in origin. Steinbeck's Oklahomans are forced off their land by the banks that own their mortgages, and they follow a false promise—that jobs await them as seasonal laborers in California. Guthrie's farmers willingly remove themselves, selling their land and trading their old dreams for their new hope in Oregon. The pioneers' decision to leave their farms in Missouri and the East is frivolous and ill-founded in comparison with the Oklahomans' unwilling response to displacement. Yet it is they, the pioneers, whom our history books declare the heroes.

9. From the context of the passage, it can be determined that the word *frivolous* most nearly means
   a. silly.
   b. high-minded.
   c. difficult.
   d. calculated.

10. Suppose that the author is considering following this sentence with supportive detail: "Both undergo great hardship to make the trek." Which of the following sentences would be in keeping with the comparison and contrast structure of the paragraph?
   a. The migrants in *The Way West* cross the Missouri, then the Kaw, and make their way overland to the Platte.
   b. The Oklahomans' jalopies break down repeatedly, while the pioneers' wagons need frequent repairs.
   c. Today's travelers would consider it a hardship to spend several days, let alone several months, getting anywhere.
   d. The Joad family, in *The Grapes of Wrath*, loses both grandmother and grandfather before the journey is complete.

11. Which of the following excerpts from the essay is an opinion, rather than a fact?
   a. "Both Steinbeck's and Guthrie's characters are primarily farmers."
   b. "Steinbeck's Oklahomans are forced off their land by the banks that own their mortgages...."
   c. "John Steinbeck's *Grapes of Wrath*, published in 1939, was followed ten years later by A. B. Guthrie's *The Way West*."
   d. "The pioneers' decision to leave their farms in Missouri and the East is frivolous and ill-founded in comparison with the Oklahomans'...."

12. The language in the paragraph implies that which of the following will happen to the Oklahomans when they arrive in California?
   a. They will find a means to practice their religion freely.
   b. They will be declared national heroes.
   c. They will not find the jobs they hoped for.
   d. They will make their livings as mechanics rather than as farm laborers.

Bill Clinton's Inaugural Address
(Selección de la apertura)

When George Washington first took the oath I have just sworn to uphold, news traveled slowly across the land by horseback, and across the ocean by boat. Now the sights and sounds of this ceremony are broadcast instantaneously to billions around the world. Communications and commerce are global. Investment is mobile. Technology is almost magical, and ambition for a better life is now universal.

We earn our livelihood in America today in peaceful competition with people all across the earth. Profound and powerful forces are shaking and remaking our world, and the urgent question of our time is whether we can make change our friend and not our enemy. This new world has already enriched the lives of millions of Americans who are able to compete and win in it. But when most people are working harder for less; when others cannot work at all; when the cost of health care devastates families and threatens to bankrupt our enterprises, great and small; when the fear of crime robs law-abiding citizens of their freedom; and when millions of poor children cannot even imagine the lives we are calling them to lead, we have not made change our friend.

13. What is the central topic of the speech so far?
   a. how Americans can keep up with global competition
   b. ways in which technology has undermined our economy
   c. ways in which technology has improved our lives
   d. how change has affected America and our need to adapt

14. By comparing our times with those of George Washington, Bill Clinton demonstrates
   a. how apparently different, but actually similar, the two eras are.
   b. how drastically technology has speeded up communications.
   c. that presidential inaugurations receive huge media attention.
   d. that television is a much more convincing communications tool than print.

15. When President Clinton says that "most people are working harder for less," he is
   a. reaching a reasonable conclusion based on evidence he has provided.
   b. reaching an unreasonable conclusion based on evidence he has provided.
   c. making a generalization that would require evidence before it could be confirmed.
   d. making a generalization that is so obvious that evidence is not needed.

16. Assuming that Clinton wants to add something about crime being a more serious threat in our time than in George Washington's, which of the following sentences would be most consistent with the tone of the presidential speech?
   a. If I'd been alive in George's day, I would have enjoyed knowing that my wife and child could walk city streets without being mugged.
   b. In George Washington's time, Americans may not have enjoyed as many luxuries, but they could rest in the awareness that their neighborhoods were safe.
   c. George could at least count on one thing. He knew that his family was safe from crime.
   d. A statistical analysis of the overall growth in crime rates since 1789 would reveal that a significant increase has taken place.

The Crossing
Chapter I: The Blue Wall
(Selección del comienzo de la novela de Winston Churchill)

I was born under the Blue Ridge, and under that side which is blue in the evening light, in a wild land of game and forest and rushing waters. There, on the borders of a creek that runs into the Yadkin River, in a cabin that was chinked with red mud, I came into the world a subject of King George the Third, in that part of his realm known as the province of North Carolina.

The cabin reeked of corn-pone and bacon, and the odor of pelts. It had two shakedowns, on one of which I slept under a bearskin. A rough stone chimney was reared outside, and the fireplace was as long as my father was tall. There was a crane in it, and a bake kettle; and over it great buckhorns held my father's rifle when it was not in use. On other horns hung jerked bear's meat and venison hams, and gourds for drinking cups, and bags of seed, and my father's best hunting shirt; also, in a neglected corner, several articles of woman's attire from pegs. These once belonged to my mother. Among them was a gown of silk, of a fine, faded pattern, over which I was wont to speculate. The women at the Cross-Roads, twelve miles away, were dressed in coarse butternut wool and huge sunbonnets. But when I questioned my father on these matters he would give me no answers.

My father was—how shall I say what he was? To this day I can only surmise many things of him. He was a Scotchman born, and I know now that he had a slight Scotch accent. At the time of which I write, my early childhood, he was a frontiersman and hunter. I can see him now, with his hunting shirt and leggins and moccasins; his powder horn, engraved with wondrous scenes; his bullet pouch and tomahawk and hunting knife. He was a tall, lean man with a strange, sad face. And he talked little save when he drank too many "horns," as they were called in that country. These lapses of my father's were a perpetual source of wonder to me—and, I must say, of delight. They occurred only when a passing traveler who hit his fancy chanced that way, or, what was almost as rare, a neighbor. Many a winter night I have lain awake under the skins, listening to a flow of language that held me spellbound, though I understood scarce a word of it.

> "Virtuous and vicious every man must be,
> Few in the extreme, but all in a degree."

The chance neighbor or traveler was no less struck with wonder. And many the time have I heard the query, at the Cross-Roads and elsewhere, "Whar Alec Trimble got his larnin'?"

17. Why did the narrator enjoy it when his father drank too many "horns," or drafts of liquor?
   a. The father spoke brilliantly at those times.
   b. The boy was then allowed to do as he pleased.
   c. These were the only times when the father was not abusive.
   d. The boy was allowed to sample the drink himself.

18. Judging by the sentences surrounding it, the word *surmise* in the third paragraph most nearly means
   a. to form a negative opinion.
   b. to praise.
   c. to desire.
   d. to guess.

19. The mention of the dress in the second paragraph is most likely meant to
   a. show the similarity between its owner and other members of the community.
   b. show how warm the climate was.
   c. show the dissimilarity between its owner and other members of the community.
   d. give us insight into the way most of the women of the region dressed.

20. It can be inferred from the passage that Alec Trimble is
   a. a traveler.
   b. a neighbor.
   c. the narrator's father.
   d. a poet.

21. What is the meaning of the lines of verse quoted in the passage?
   a. Men who pretend to be virtuous are actually vicious.
   b. Moderate amounts of virtuousness and viciousness are present in all men.
   c. Virtuous men cannot also be vicious.
   d. Whether men are virtuous or vicious depends on the difficulty of their circumstances.

22. Which of the following adjectives best describes the region in which the cabin is located?
   a. remote
   b. urban
   c. agricultural
   d. flat

23. The author most likely uses dialect when quoting the question "Whar Alec Trimble got his larnin'?" in order to
   a. show disapproval of the father's drinking.
   b. show how people talked down to the narrator.
   c. show the speaker's lack of education.
   d. mimic the way the father talked.

(Selección de una carta para una cuidadora de animales)

Dear Lee,

As I told you, I'll be gone until Wednesday morning. Thank you so much for taking on my "children" while I'm away. Like real children, they can be kind of irritating sometimes, but I'm going to enjoy myself so much more knowing they're getting some kind human attention. Remember that Regina (the "queen" in Latin, and she acts like one) is teething. If you don't watch her, she'll chew anything, including her sister, the cat. There are plenty of chew toys around the house. Whenever she starts gnawing on anything illegal, just divert her with one of those. She generally settles right down to a good hour-long chew. Then you'll see her wandering around whimpering with the remains of the toy in her mouth. She gets really frustrated because what she wants is to bury the thing. She'll try to dig a hole between the cushions of the couch. Finding that unsatisfactory, she'll wander some more, discontent, until you solve her problem for her. I usually show her the laundry basket, moving a few clothes so she can bury her toy beneath them. I do sound like a parent, don't I? You have to understand, my own son is practically grown up.

Regina's food is the Puppy Chow in the utility room, where the other pet food is kept. Give her a bowl once in the morning and once in the evening. No more than that, no matter how much she begs. Beagles are notorious overeaters, according to her breeder, and I don't want her to lose her girlish figure. She can share Rex (the King's) water, but be sure it's changed daily. She needs to go out several times a day, especially last thing at night and first thing in the morning. Let her stay out for about ten minutes each time, so she can do *all* her business. She also needs a walk in the afternoon, after which it's important to romp with her for a while in the yard. The game she loves most is fetch, but be sure to make her drop the ball. She'd rather play tug-of-war with it. Tell her, "Sit!" Then when she does, say, "Drop it!" Be sure to tell her "good girl," and then throw the ball for her. I hope you'll enjoy these sessions as much as I do.

Now, for the other two, Rex and Paws . . . (*letter continues*)

24. The tone of this letter is best described as
  a. chatty and humorous.
  b. logical and precise.
  c. confident and trusting.
  d. condescending and preachy.

25. If the pet sitter is a businesslike professional who watches people's pets for a living, she or he would likely prefer
  a. more first-person revelations about the owner.
  b. fewer first-person revelations about the owner.
  c. more praise for agreeing to watch the animals.
  d. greater detail on the animals' cute behavior.

26. According to the author, his or her attachment to the pets derives at least partially from
  a. their regal pedigrees and royal bearing.
  b. having few friends to pass the time with.
  c. these particular animals' exceptional needs.
  d. a desire to continue parenting.

27. The information in the note is sufficient to determine that there are three animals. They are
  a. two cats and a dog.
  b. three dogs.
  c. a dog, a cat, and an unspecified animal.
  d. a cat, a dog, and a parrot.

28. Given that there are three animals to feed, which of the following arrangements of the feeding instructions would be most efficient and easiest to follow?
  a. all given in one list, chronologically from morning to night
  b. provided separately as they are for Regina, within separate passages on each animal
  c. given in the order of quantities needed, the most to the least
  d. placed in the middle of the letter, where they would be least likely to be overlooked

29. From the context of the note, it is most likely that the name "Rex" comes from the
  a. Spanish language.
  b. English language.
  c. French language.
  d. Latin language.

30. If the sitter is to follow the owner's directions in playing fetch with Regina, at what point will he or she tell Regina "good girl"?
  a. every time Regina goes after the ball
  b. after Regina finds the ball
  c. when Regina brings the ball back
  d. after Regina drops the ball

(Selección de un ensayo en contra de la cazería)

The practice of hunting is barbaric and shouldn't be allowed within the national forests of the United States. These forests should be sanctuaries for wildlife, not shooting galleries where macho types go to vent their urban frustrations. Just like humans, animals have the right to freedom and the pursuit of happiness in their own homeland. Of all the forms of hunting, trophy hunting is the most unforgivable. Imagine if it were the other way around and animals were hunting humans. Would it be fair for your grandfather to be killed because of his age and stature? That's how hunters choose their game, based on their age and dignity. The elk with the largest rack is chosen to die so its head can hang in the den of some rich hunter. Half the time the hunters don't even take the meat from the game they shoot. They just leave it to rot.

31. This argument relies primarily on which of the following techniques to make its points?
 a. researched facts in support of an assertion
 b. emotional assertions
 c. fair and reasoned appeals to nonhunters
 d. fair and reasoned appeals to hunters

32. The author is most opposed to which of the following types of hunting?
 a. small game
 b. large game
 c. trophy
 d. elk

33. By choosing the term *shooting galleries*, the author implies that
 a. the national forests have become dangerous for nonhunters.
 b. hunters should satisfy themselves by taking pictures of animals.
 c. hunters have an unfair advantage over prey in national forests.
 d. hunting licenses cost little more than the pittance paid at carnival games.

Improving Streamside Wildlife Habitats
(selección de Habitat Extension Bulletin del
Wyoming Game and Fish Department)

Riparian vegetation [the green band of vegetation along a watercourse] can help stabilize stream banks; filter sediment from surface runoff; and provide wildlife habitat, livestock forage, and scenic value. Well-developed vegetation also allows bank soils to absorb extra water during spring runoff, releasing it later during drier months, thus improving late-summer stream flows.

In many parts of the arid West, trees and shrubs are found only in riparian areas. Woody plants are very important as winter cover for many wildlife species, including upland game birds such as pheasants and turkeys. Often, this winter cover is the greatest single factor limiting game bird populations. Woody vegetation also provides hiding cover and browse for many other species of birds and mammals, both game and nongame.

Dead trees ("snags") are an integral part of streamside habitats and should be left standing whenever possible. Woodpeckers, nuthatches, brown creepers, and other birds eat the insects that decompose the wood. These insects usually pose no threat to nearby living trees. Occasionally a disease organism or misuse of pesticides will weaken or kill a stand of trees. If several trees in a small area begin to die, contact your local extension agent immediately.

34. What is the effect of the word choice "riparian"?

   a. It gives the article an authoritative, scientific tone.

   b. It causes confusion, since both streams and rivers could be viewed as riparian.

   c. It seems condescending, as if the author were stooping to teach readers.

   d. It misleads readers into thinking they are getting scientific information when they are not.

35. By listing the specific birds that live in riparian areas, the author conveys a sense of

   a. urgency on behalf of endangered species.

   b. the rich and varied life in such areas.

   c. his or her own importance as a scientific expert.

   d. poetic wonder over the variety found in nature.

36. Assume that the author has done some other writing on this topic for a different audience. The other piece begins: "Remember the last time you walked along a stream? No doubt thick vegetation prevented easy progress." What is the likely effect on the reader of this opening?

   a. an aroused interest, due to the reference to the reader's personal experience

   b. resentment, due to being addressed so personally

   c. loss of interest, because the opening line makes no attempt to draw the reader in

   d. confusion, because not every reader has walked along a stream

37. The main subject of the second paragraph of this passage is

   a. the types of birds that live in riparian areas.

   b. the effect of winter cover on water purity.

   c. the role of trees and shrubs in riparian areas.

   d. how game bird populations are affected by winter cover.

38. Overall, the assertions of this passage seem to be based on

   a. rash opinion with little observation behind it.

   b. deeply held emotional convictions.

   c. fact derived from scientific literature.

   d. inconclusive evidence gathered in field studies.

39. What does the word *arid* accomplish in the first sentence of the second paragraph?

   a. It provides a sense of the generally high altitude of the West.

   b. It signifies a change in subject from the Eastern United States to the West.

   c. It clarifies the author's purpose to discuss nonurban areas.

   d. It clarifies the reason that trees and shrubs are found only in riparian areas.

(Selección del cuento "First")

First, you ought to know that I'm "only" 14. My mother points this out frequently. I can make decisions for myself when I'm old enough to vote, she says. Second, I should tell you that she's right—I'm not always responsible. I sometimes take the prize for a grade-A dork. Last weekend, for instance, when I was staying at Dad's, I decided it was time I learned to drive. It was Sunday morning, 7 A.M. to be exact, and I hadn't slept well thinking about this argument I'll be telling you about in a minute. Nobody was up yet in the neighborhood, and I thought there would be no harm in backing the car out of the garage and cruising around the block. But Dad has a clutch car, and the "R" on the shift handle was up on the left side, awful close to first gear, and I guess you can guess the rest.

Dad's always been understanding. He didn't say, like Mom would, "Okay, little Miss Know-It-All, you can just spend the rest of the year paying this off." He worried about what might have happened to *me*—to *me*, you see, and that made me feel more guilty than anything. Overall, I just think he'd be a better number-one caregiver, if you get my drift. Of course I can't say things like that to Mom.

To her, I have to say, "But Mom, Dad's place is closer to school. I could ride my bike."

She replies, "Jennifer Lynn, you don't own a bike, because you left it in the yard and it was stolen and you haven't got the perseverance it takes to do a little work and earn the money to replace it."

40. Which description best explains the structure of the story so far?
  a. chronological, according to what happens first, second, and so on
  b. reverse chronological order, with the most recent events recorded first
  c. intentionally confused order, incorporating flashbacks to previous events
  d. according to importance, with the most significant details related first

41. What device does the author use to illustrate the narrator's feelings about her mother and father?
  a. vivid and specific visual detail
  b. rhetorical questions, which make a point but don't invite a direct answer
  c. metaphors and other figurative language
  d. contrast between the parents' typical reactions

42. The narrator attributes her inability to sleep when staying at her father's house to
   a. thinking about a disagreement with someone.
   b. the uncomfortable quiet of an early Sunday morning.
   c. the sore throat she had from shouting so much.
   d. her accident with the car.

43. The first-person point of view in this story
   a. obscures how the narrator's mind works.
   b. illustrates the thoughts and personality of the narrator.
   c. makes the narrator seem distant and rigid.
   d. gives us direct access to the minds of all the characters.

44. When the narrator says, "I sometimes take the prize for a grade-A dork," the word choice is intended to indicate
   a. that she doesn't know proper English.
   b. her age and culture.
   c. that she is unable to judge her own actions.
   d. that she thinks she's better than most others who might be termed "dorks."

45. From the context in the last sentence of the passage, it can be determined that the word *perseverance* most nearly means
   a. attractiveness.
   b. thinking ability.
   c. ability to persist.
   d. love of danger.

46. Overall, this narrator's tone is best described as
   a. emotional and familiar.
   b. stuck up and superior.
   c. argumentative and tactless.
   d. pleasant and reassuring.

47. In choosing to use the bike argument with her mother, the narrator is trying to appeal to her mother's
   a. compassion over her lost bike.
   b. disregard for material objects.
   c. laziness.
   d. reason.

48. The main argument the narrator has been having with her mother is over whether she should
   a. be allowed to date.
   b. live with her mother or father.
   c. be allowed to drive a car.
   d. pay for things she breaks.

49. It appears that the mother has alienated her daughter by
   a. being too busy to give her the attention she needs.
   b. having divorced her father.
   c. insisting too much on reasonableness.
   d. valuing material things over her daughter's feelings.

50. What most likely happened with the car?
   a. The narrator mistook first gear for reverse and ran into the garage wall.
   b. The narrator stole it from her father and drove it over to her mother's.
   c. The father left it in gear, and when the narrator started it, it leapt forward into the wall.
   d. The narrator attempted suicide through carbon monoxide poisoning.

▶ Respuestas

Si no respondió correctamente a alguna pregunta, puede encontrar la ayuda necesaria en la lección escrita al lado de cada respuesta correcta.

1. **c.** Lección 1
2. **a.** Lección 1
3. **d.** Lección 9
4. **a.** Lección 16
5. **b.** Lección 3
6. **c.** Lección 12
7. **c.** Lección 2
8. **b.** Lecciones 6, 7
9. **a.** Lección 3
10. **b.** Lección 8
11. **d.** Lección 4
12. **c.** Lección 17
13. **d.** Lección 2
14. **b.** Lección 8
15. **c.** Lección 4
16. **b.** Lección 13
17. **a.** Lección 19
18. **d.** Lección 3
19. **c.** Lección 8
20. **c.** Lección 19
21. **b.** Lección 19
22. **a.** Lección 16

23. **c.** Lección 13
24. **a.** Lección 14
25. **b.** Lección 11
26. **d.** Lección 9
27. **c.** Lección 1
28. **a.** Lecciones 6, 10
29. **d.** Lección 3
30. **d.** Lección 6
31. **b.** Lección 18
32. **c.** Lección 2
33. **c.** Lección 12
34. **a.** Lección 12
35. **b.** Lección 13
36. **a.** Lección 11
37. **c.** Lección 2
38. **c.** Lección 4
39. **d.** Lección 3
40. **c.** Lecciones 6, 7, 10
41. **d.** Lección 8
42. **a.** Lección 9
43. **b.** Lección 11
44. **b.** Lección 12
45. **c.** Lección 3
46. **a.** Lección 14
47. **d.** Lección 18
48. **b.** Lección 16
49. **d.** Lección 17
50. **a.** Lección 17

1 ▶ Obtener la información fundamental

RESUMEN DE LA LECCIÓN

El primer paso para incrementar su capacidad de lectura es aprender a obtener la información más básica. Como un buen detective, usted debe comenzar con los hechos básicos. Para obtenerlos, tiene que ser un lector activo y seguir las pistas de lo que se lee.

MAGÍNESE UN MOMENTO que es un detective a quien le acaban de llamar a la escena de un crimen, el robo de una casa. ¿Cuál es lo primero que debe hacer a su llegada?

a. Ver lo que está sobre el televisor
b. Inspeccionar lo que está dentro del refrigerador
c. Obtener información básica sobre el suceso

La respuesta naturalmente es **c**; obtener la información básica sobre el suceso: ¿Qué pasó?, ¿A quién?, ¿Cuándo?, ¿Dónde?, ¿Cómo pasó? y ¿Por qué?

Como lector de un texto, uno pasa a través de un mismo proceso. Lo primero que hay que hacer es establecer los hechos. Si usted puede responder a las preguntas anteriormente formuladas, estará en camino de comprender totalmente lo que lee. (Usted aprenderá más adelante, en la Lección 2, a responder a una de las preguntas más difíciles: ¿por qué pasó?)

▶ ¿Cuáles son los hechos?

Empecemos por la definición. Un hecho es:

- Algo que se sabe con seguridad que ha pasado
- Algo que se sabe con seguridad que es verdad
- Algo que se sabe con certeza que existe

La mayor parte de lo que lee hoy en día, en esta era de la información, está diseñada para proveerle con los hechos. Usted puede leer, por ejemplo, sobre una nueva regla administrativa en el trabajo; sobre el funcionamiento de un nuevo sistema de computadoras; sobre lo que pasó en la reunión de empleados de su empresa. Si se requiere tomar un examen para la obtención de un nuevo trabajo, seguramente tendrá que responder a preguntas de lectura y comprensión relacionadas con los hechos del contenido de la lectura. A veces no va a ser fácil, especialmente cuando la lectura es densa y complicada. Para facilitar las cosas, pregunte: ¿Cuál es son los hechos que estoy debo conocer?, ¿Cuál es lo que debo aprender o reconocer?, ¿Qué pasó?, ¿Cuál es la verdad?, ¿Qué hay en la lectura?

Práctica: pasaje número 1

Comience inmediatamente a buscar los hechos. La pequeña selección siguiente se asemeja a lo que usted vea probablemente en un periódico. Lea la selección con cuidado y responda a las preguntas que siguen. Recuerde que una lectura cuidadosa es una lectura activa; no se olvide de marcar el texto a medida que lee. Subraye palabras e ideas claves; marque en un círculo y defina palabras o frases desconocidas; anote sus reacciones y preguntas en los márgenes de la página.

On Tuesday, August 30, Mr. Blank, a prominent local citizen, arrived home from work to find that his apartment had been robbed. The thieves somehow managed to slip past building security at 131 West Elm Street with nearly all of Mr. Blank's belongings. In fact, the thieves left behind nothing but a stack of old *Home Decorator* magazines and a can of pork and beans. The robbery was reported by Mr. Blank's neighbor, who found Mr. Blank unconscious in his doorway. Apparently, Mr. Blank was so shocked by the robbery that he fainted. His neighbor immediately called an ambulance and then the police. Mr. Blank is now staying with relatives and is offering a reward of $25,000 for any information leading to the arrest of the thieves.

1. What happened to Mr. Blank?

2. When did it happen?

3. Where did it happen?

4. How did Mr. Blank react?

5. Who called the police?

6. What was left in the apartment?

Recuerde que una lectura efectiva es una lectura activa. ¿Marcó y anotó la selección leída? Si lo hizo, puede ser que se asemeje a esto:

standing out; widely & popularly known

when *who*

On Tuesday, August 30, Mr. Blank, a (prominent) local citizen, arrived home from work to find that his apartment had been robbed. The thieves somehow managed to slip past building security at 131 West Elm Street with nearly all of Mr. Blank's belongings. In fact, the thieves left behind nothing but a stack of old *Home Decorator* magazines and a can of pork and beans. The robbery was reported by Mr. Blank's neighbor, who found Mr. Blank unconscious in his doorway. Apparently, Mr. Blank was so shocked by the robbery that he fainted. His neighbor immediately called an ambulance and then the police. Mr. Blank is now staying with relatives and is offering a reward of $25,000 for any information leading to the arrest of the thieves.   *lots of $!*

} What happened – robbery

where

Wow!

how did they manage this?

interesting detail

who else was involved

Usted se puede dar cuenta de que todas las respuestas a las preguntas planteadas han sido subrayadas porque hay palabras e ideas claves en esta selección. De todas maneras, éstas son las respuestas de una forma más convencional.

1. What happened to Mr. Blank? *His apartment was robbed.*

2. When did it happen? *Sometime while Mr. Blank was at work on Tuesday, August 30.*

3. Where did it happen? *131 West Elm Street.*

4. How did Mr. Blank react? *He fainted.*

5. Who called the police? *Mr. Blank's neighbor.*

6. What was left in the apartment? *Some old* Home Decorator *magazines and a can of pork and beans.*

Note que las preguntas van más allá de lo convencional; quién, qué, cuándo y dónde, para incluir algunos de los detalles de la lectura, como por ejemplo lo que se dejó en el apartamento. Esto se debe a que los detalles de una lectura de comprensión, así como el trabajo de detective, pueden ser señas importantes que puedan ayudar a contestar las preguntas que faltan; ¿Quién lo hizo?, ¿Por qué y cómo lo hizo?

Práctica: pasaje número 2

Ésta es una nueva selección cuyo contenido se asemeja a lo que uno puede observar en el trabajo. Lea la selección cuidadosamente y responda a las preguntas que siguen:

To: All New Employees
From: Human Resources

In order for your first paycheck to be processed, we must have a number of documents completed and in our files. Once these documents are in our hands, you will be entered into our payroll system. These documents include: a completed company application; a W-4 form; an I-9 form; a Confidentiality Agreement, if applicable; an emergency contact sheet; and a copy of your resume. You should be sure all of these documents are filled out within your first week of work. In addition, we will need the following documents from you for your file to be complete: two letters of recommendation from previous employers, a high school and college transcript, and an insurance coverage application. We request that you complete your file within your first month of employment.

7. What papers must new employees have on file? List them below.

9. When should these circled items be completed?

10. When must the rest of the file be completed?

11. True or False: Everyone must sign a Confidentiality Agreement.

Antes de comparar con las respuestas del libro, pase a la página siguiente para ver cómo marcar la información más importante de este párrafo.

8. In your list above, circle the items that employees must have on file in order to get paid.

To: All New Employees
From: Human Resources

In order for your first paycheck to be processed, we must have a number of documents completed and in our files. Once these documents are in our hands, you will be entered into our payroll system. These documents include: [a completed company application; a W-4 form; an I-9 form; a Confidentiality Agreement, if applicable; an emergency contact sheet; and a copy of your resume] You should be sure all of these documents are filled out within your first week of work. In addition, we will need the following documents from you for your file to be complete[two letters of recommendation from previous employers, a high school and college (transcript) and an insurance coverage application] We request that you complete your file within your first month of employment.

Important deadline!

Official copy of a student's educational record

Documents I need in order to get paid

Documents I need to complete file

Deadline for completing file

Con un texto marcado de esta manera, es muy fácil encontrar las respuestas.

7. What papers must new employees have on file?
(Company application)
(W-4 form)
(I-9 form)
(Confidentiality Agreement (if applicable))
(Emergency contact sheet)
(Resume)
Two letters of recommendation
High school and college transcripts
Insurance coverage application

8. In the preceding list, the items that employees must have on file in order to get paid are circled.

9. When should these circled items be completed? *Within the employee's first week of work.*

10. When must the rest of the file be completed? *Within the employee's first month of work.*

11. True or False: Everyone must sign a Confidentiality Agreement. *False; only those for whom it is "applicable."*

Práctica: pasaje número 3

Veamos una selección más. Otra vez, lea cuidadosamente y responda a las preguntas que siguen.

Today's postal service is more efficient and reliable than ever before. Mail that used to take months to move by horse and by foot now moves around the country in days or hours by truck, train, and plane. First-class mail usually moves from New York City to Los Angeles in three days or less. If your letter or package is urgent, the U.S. Postal Service offers Priority Mail and Express Mail services. Priority Mail is guaranteed to go anywhere in the United States in two days or less. Express Mail will get your package there overnight.

12. Who or what is this passage about?

13. How was mail transported in the past?

14. How is mail transported now?

15. How long does first-class mail take?

16. How long does Priority Mail take?

17. How long does Express Mail take?

Una vez más, es de esta manera que se debería de haber marcado el pasaje:

Today's postal service is more efficient and reliable than ever before. Mail that used to take <u>months</u> to move by <u>horse</u> and by <u>foot</u> now moves around the country in days or hours by <u>truck, train, and plane</u>. <u>First-class mail</u> usually moves from New York City to Los Angeles in three days or less. If your letter or package is urgent, the U.S. Postal Service offers <u>Priority Mail</u> and <u>Express Mail</u> services. Priority Mail is guaranteed to go anywhere in the United States in two days or less. Express Mail will get your package there overnight.

then →
now →

Are there other services?

What a long time!

3 services listed—
First class—3days
Priority—2 days
Express—Overnight
Fastest

Como se puede observar, el marcar el texto ayuda al lector a entender la información contenida en la lectura.

12. Who or what is this passage about? *The U.S. Postal Service.*

13. How was mail transported in the past? *By horse and foot.*

14. How is mail transported now? *By truck, train, and plane.*

15. How long does first-class mail take? *Three days or less.*

16. How long does Priority Mail take? *Two days or less.*

17. How long does Express Mail take? *Overnight.*

▶ Resumen

La lectura activa es el primer paso esencial para entender la lectura. Una lectura de esta manera empuja al lector a ver claramente lo leído y lo que contiene. Así como un detective que llega a la escena del crimen, si usted observa cuidadosamente y hace las preguntas correctas (quién, qué, cuándo, dónde, cómo y por qué), estará en camino de entender completamente lo que lee.

Técnicas adquiridas

A continuación éstas son las sugerencias para practicar lo aprendido en este capítulo, no sólo durante el día, sino también para el resto de la semana. ¡Trátelos!

- **Anote todo** lo que lea durante el día: el periódico, una nota, la carta de un amigo. Subraye las ideas y términos claves; encierre en un círculo y busque el significado de palabras desconocidas; escriba sus reacciones y preguntas en los márgenes. Si es posible, comparta estas reacciones con el autor y vea si puede obtener respuestas a esas preguntas.

- Desarrollar un **"ojo investigador, de detective."** Observe todo. Observe los detalles en las caras de las personas; note los detalles arquitectónicos de un edificio que visita. Cuanto más observe las cosas de la vida diaria, tanto más enriquecedora será su vida y le será más fácil entender lo que lee.

2 ▶ Determinar la idea principal

RESUMEN DE LA LECCIÓN

Para determinar quién perpetró un crimen y los motivos del mismo, un detective tiene que observar a los hechos del mismo. Un lector determina los hechos no sólo para entender lo que el autor está diciendo, sino también para saber por qué lo escribe. Esta lección le mostrará cómo determinar la idea principal de lo que lee.

E N LA LECCIÓN anterior se demostró la importancia de establecer los hechos—quién, qué, cuándo, dónde y cómo—otra pregunta importante que no se toca en ese capítulo es ¿por qué?. Ahora que usted tiene más experiencia, está preparado para responder a esta otra pregunta principal. Así como hay un motivo detrás de cada crimen, hay también un motivo detrás de todo lo que se escribe.

Todo lo que se escribe constituye una forma de comunicación. Un autor escribe para comunicar sus ideas a una audiencia, el lector, usted. Así como usted tiene algo que decir cuando hace una llamada telefónica, los autores tienen algo que comunicar cuando levantan la pluma para escribir. Así como un detective puede preguntar "¿Por qué lo hizo el mayordomo?", el lector puede indagar "¿por qué el autor escribió esto?", "¿cuál es lo que está tratando de comunicar?" En resumen, lo que usted pregunta es "¿Cuál es la idea principal del autor?"

El encontrar la idea principal es como encontrar el motivo de un crimen. De esta manera, es el motivo de un crimen (el porqué) que generalmente ayuda a determinar los otros factores (quién, qué, cuándo, dónde y cómo). De la misma manera, la idea principal de algo escrito determina estos factores de que el autor va a escribir así como la manera en que va a escribirlos.

▶ Tema versus idea principal

Hay una gran diferencia entre el tema y la idea principal dentro de un trabajo escrito. Para darse cuenta de esta diferencia, vea nuevamente el pasaje sobre el sistema de correos. No sólo ojee el material del capítulo 1, sino también léalo con mucha atención.

> Today's postal service is more efficient and reliable than ever before. Mail that used to take months to move by horse and by foot now moves around the country in days or hours by truck, train, and plane. First class mail usually moves from New York City to Los Angeles in three days or less. If your letter or package is urgent, the U.S. Postal Service offers Priority Mail and Express Mail services. Priority Mail is guaranteed to go anywhere in the U.S. in two days or less. Express Mail will get your package there overnight.

En un examen le pueden preguntar, por ejemplo, "¿Cuál es la idea principal de esta lectura?"

Con respecto al pasaje anterior, quizás esté tentado a contestar: "el correo."

Pero estaría cometiendo un error.

Sí, el pasaje trata del correo, pero "el correo" no es la idea principal de esta selección. "El correo" es solamente el tema del pasaje (de quién o de qué se trata). La idea principal debe contener una idea acerca de este tema. La idea principal de un texto es, por lo general, una afirmación acerca del tema. Una afirmación es una declaración que requiere evidencia ("seña") que se puede aceptar como verdad.

La idea principal de un pasaje, además de ser una afirmación acerca del sujeto, es también la idea que mantiene su unidad y lo controla. Las otras oraciones e ideas en el pasaje se relacionarán a esa idea principal para servir como evidencia de que la afirmación es verdadera. Imagínese que la idea principal es una red que cubre todas las otras oraciones. La idea principal tiene que ser suficientemente general para mantener todas las otras oraciones juntas.

Por consiguiente, las ideas principales de un pasaje son:

- Una afirmación o verdad sobre el tema
- La idea principal que controla o mantiene conciso el párrafo o el pasaje

Vea una vez más la selección sobre el correo. Usted sabe que el tema es "el correo." Ahora trate de determinar la idea principal. Lea el pasaje una vez más buscando la idea que hace una afirmación sobre el correo y que mantiene o controla todo el párrafo. Responda a las siguientes preguntas:

1. Which of the following sentences best summarizes the main idea of the passage?
   a. Express Mail is a good way to send urgent mail.
   b. Mail service today is more effective and dependable.
   c. First-class mail usually takes three days or less.

La respuesta **a** no puede ser la correcta ya que es específica—sólo habla acerca del correo expreso. No cubre el resto de las otras oraciones del párrafo—no hace referencia al correo de prioridad ni a la primera clase. La respuesta **c** también es específica. Sólo hace referencia al correo de primera clase. Por consiguiente, tampoco puede ser la idea principal.

La respuesta **b**, "El servicio postal de ahora es más eficiente y seguro," es suficientemente general para cubrir todo el pasaje, y el resto de la oración soporta la idea que quiere afirmar. Cada oración ofrece una prueba de que el servicio postal de hoy en día es más eficiente y seguro. Por consiguiente, el propósito del autor es de indicar la eficiencia y seguridad del servicio postal.

▶ Oraciones temáticas

Usted puede darse cuenta de que, en el párrafo sobre el servicio postal, la idea principal se expresa claramente en la primera oración: "Today's postal service is more efficient and reliable than ever before." Una oración como ésta, que generalmente expresa la idea principal de un párrafo o un pasaje, se llama generalmente una oración temática.

En muchos casos, como en el párrafo sobre el servicio postal, se puede encontrar la oración temática al principio del párrafo. También se puede encontrar al final de una oración. De vez en cuando, la oración temática se puede encontrar en medio de un párrafo. Cualquiera que sea el caso, la oración temática como "El servicio postal de ahora es más eficiente y seguro" es una afirmación que necesita una "prueba." La prueba se encuentra en los hechos e ideas que constituyen el resto del pasaje. (Todos los pasajes no proveen oraciones temáticas tan claras que puedan establecer la idea principal. Más adelante se ven selecciones menos obvias.)

Práctica para identificar oraciones temáticas

Tenga en mente que una oración temática es una declaración de la idea principal de un pasaje. Tiene que ser suficientemente general para cubrir todas las ideas de lo que se está leyendo, además de hacer una afirmación sobre el tema del pasaje. Sabiendo todo esto, aun sin haber leído el párrafo, puede contestar las preguntas siguientes.

Práctica 1

2. Which of the following sentences is general enough to be a topic sentence?
   a. UNIX is one of the most common computer languages.
   b. There are many different computer languages.
   c. An old computer language is BASIC.
   d. Most IBM computers use OS/2.

La respuesta es **b**, "There are many different computer languages." Las respuestas **a**, **c** y **d** son todas ejemplos específicos de lo que se dice en **b**. Por consiguiente, no son suficientemente generales para considerarse oraciones temáticas.

Práctica 2

Lea el siguiente párrafo. Subraye la oración que exprese la idea principal, y observe cómo las otras oraciones trabajan para apoyar la idea principal.

Mike is infuriated by the slightest indication that he's being contradicted. Dennis doesn't say much, but something tells me he's out to get me. The third guy—they call him Snake—won't even look me in the eye. I'm new in town, and already I seem to have made some enemies.

¿Qué oración subrayó? La última es la correcta: "I'm new in town, and already I seem to have made some enemies." Es una buena oración temática ya que expresa la idea que mantiene la unidad del párrafo entero. Las primeras tres—sobre Mike, Dennis y "Snake"—ofrecen ejemplos de los "enemigos" del autor. Observe que en esta ocasión la oración temática se encuentra al final del pasaje.

Práctica 3

Entre las ocho oraciones que siguen, hay las dos oraciones temáticas. Las otras son oraciones que las apoyan. Marque en un círculo las dos oraciones temáticas, y luego escriba los números de las oraciones de apoyo.

1. Furthermore, government employees receive terrific heathcare coverage.
2. Some police duties, like writing reports, have no risk at all.
3. For example, government employees have more paid holidays than employees of private companies.
4. Not all police duties are dangerous.
5. Others, like traffic duty, put police officers at very little risk.
6. Government employees enjoy numerous benefits.
7. Still other duties, like investigating accidents, leave officers free of danger.
8. In addition, government employees are well compensated for overtime hours.

Oraciones 4 y 6 son las dos oraciones temáticas ya que cada hace una afirmación sobre un tema general. Las ideas que apoyan la oración temática 4 son 2, 5 y 7; las que apoyan la oración temática 6 son 1, 3 y 8.

Veamos cómo lucen dentro de un párrafo.

Not all police duties are dangerous. Some duties, like writing reports, have no risk at all. Others, like traffic duty, offer very little risk. Still other duties, like investigating accidents, leave officers free of danger.

Government employees enjoy numerous benefits. For example, they have more paid holidays than employees of private companies.

In addition, they are well compensated for overtime hours. Furthermore, they receive terrific heathcare coverage.

Usted habrá podido darse cuenta de que las oraciones que apoyan al primer párrafo, sobre las responsabilidades de un policía, comienza con las palabras siguientes: "some, others, still other." Estas palabras se usan para introducir ejemplos. El segundo párrafo usa palabras diferentes que tienen la misma función: "for example, in addition, furthermore." Si una oración comienza con una de estas palabras o frases, es una buena indicación de que no es una oración temática; da ejemplos específicos.

A continuación, hay una lista de las palabras y frases generalmente usadas para introducir ejemplos específicos:

for example	in particular
for instance	some
in addition	others
furthermore	

Si tiene dificultades en ubicar la idea principal de un párrafo, trate de eliminar las oraciones que contengan evidencia de apoyo.

▶ Resumen

Ahora está listo para contestar la última pregunta—¿por qué? ¿Cuál es el motivo del autor? ¿Cuál es la idea que quiere comunicar? Al encontrar la oración que hace una afirmación sobre el tema del párrafo y que incluye las otras oraciones del mismo, puede descifrar los motivos del autor.

Técnicas adquiridas

- Por definición, un párrafo es un grupo de oraciones sobre la misma idea. Cuando lea, trate de distinguir cómo los textos están divididos en párrafos—qué idea mantiene los párrafos juntos e identifique la oración temática.

- Formule oraciones temáticas sobre las cosas que vea durante el día. Haga afirmaciones sobre gente, lugares y cosas. Por ejemplo, si come en la cafetería todos los días, haga una afirmación al respecto: "Esta cafetería necesita remodelación." O haga una afirmación sobre un compañero de trabajo: "Julio trabaja muy duro," y luego soporte estas afirmaciones. ¿Qué evidencia puede proveer para apoyar sus afirmaciones? ¿Por qué dice que la cafetería necesita remodelación? ¿Es que la pintura de las paredes se está cayendo? ¿O es que la decoración es al estilo de los años sesenta? ¿Tiene acceso para el impedido? Otras preguntas que se puede hacer son: ¿Qué evidencia tiene para decir que Julio es un buen trabajador? ¿Está él siempre en su escritorio? ¿Hace preguntas con interés en las reuniones de la oficina? ¿Parece que necesita dormir un poco más?

3 ▶ Definir palabras desconocidos a base del contexto

RESUMEN DE LECCIÓN

Un lector activo busca el significado de palabras no conocidas. ¿Pero qué pasa si no tiene diccionario a mano? Por ejemplo, al tomar un examen (o si está leyendo en el autobús) es más probable que no pueda buscar las palabras que no conoce. Una alternativa es usar el contexto de lo que lee para determinar el significado de palabras que no entiende.

MUCHAS VECES, cuando usted está leyendo, puede encontrar palabras o frases desconocidas. ¿Cómo puede entender lo que está leyendo si no sabe el significado de las palabras? Puede usar el resto del párrafo, es decir el contexto de lo que lee, para determinar el significado de palabras nuevas.

▶ Encontrar el significado a través del contexto

Imagínese que ha sido recientemente empleado como supervisor de una compañía grande. Acaba de recibir un comunicado del departamento de empleo. Léalo cuidadosamente, marcando a medida que lee, pero sin buscar ninguna nueva palabra o frase en el diccionario.

> As you know, all new employees must have a Hiring Approval Form with salary specifications on file before they can be paid. In recent months several new employees have had their paychecks delayed because their Hiring Supervisors were remiss in filing the Hiring Approval Forms on time. Consequently, we are instituting a new policy. Beginning next week, if a Hiring Approval Form is not filed with Human Resources within one week of an employee's start date, that employee's first paycheck will be deducted from his or her Hiring Supervisor's paycheck. This amount will not be reimbursed unless the Hiring Supervisor submits the Hiring Approval Form within the following week. We're sorry if this seems like a draconian policy, but it is our only way to assure prompt payment of new employees.

A medida que leía el párrafo, probablemente marcó algunas palabras desconocidas. ¿Puso en un círculo las palabras *remiss* y *draconian*? Si así lo ha hecho, no las busque todavia en un diccionario. Si hace un poco de trabajo de detective, puede determinar lo que estas palabras significan y cómo se usan en el párrafo.

¿Qué significa *remiss*?

Empiece con *remiss*. ¿Cómo se usa esta palabra?

> In recent months several new employees have had their paychecks delayed because their Hiring Supervisors were *remiss* in filing the Hiring Approval Forms on time.

Aun si usted no sabe lo que significa *remiss*, puede deducir algo de esta palabra por la manera en que se usa en el párrafo y al examinar las otras palabras e ideas que la rodean. Esto se llama determinar el significado a través del contexto. Como los detectives buscan las señas en un crimen, debe ver el pasaje por señas que podran digan lo que la palabra significa.

De este modo, y ya que tenemos la oración anterior, ¿qué podemos decir de la palabra *remiss*? Bueno, sabemos que los supervisores de empleos estaban *remiss* y que muchos empleados nuevos no recibieron su cheque de pago a tiempo. Eso inmediatamente nos dice que esta palabra, *remiss*, no es algo bueno.

Además, basados en esta oración, sabemos que los formularios de empleo tienen que ser llenados por los supervisores de empleos. Eso nos dice que los supervisores no estaban haciendo lo que debían. Como resultado, el resto del párrafo nos dice que los supervisores van a ser castigados por no haber llenado los formularios de empleo. Ahora puede determinar con cierta exactitud el significado de la palabra *remiss*.

1. The Hiring Supervisors were remiss about the Hiring Approval Forms because they were
  a. on time, prompt.
  b. negligent, irresponsible.
  c. incorrect, wrong.

Naturalmente, la respuesta correcta es **b**. Ciertamente no puede ser **a**, porque sabe que los formularios estaban retrasados. Además, sabe que *remiss* tiene que significar algo negativo ya que los supervisores de empleos serán castigados. La respuesta **c** es negativa, pero no tiene ningún sentido en el contexto de la oración que le dice que el tema es el tiempo. Sabe que **b** es la respuesta correcta porque puede substituir en la oración ambas palabras, *irresponsible* y *negligent,* por la palabra *remiss* y ver que ambas tienen sentido.

Repaso: Encontrar los hechos

Esto es un repaso rápido de lo que ha aprendido en la lección 1. Si es un supervisor de empleos, usted sabe que los formularios de empleos se tienen que entregar a tiempo. Pero ¿cuándo exactamente?

2. When must the Hiring Approval Form be in for the new employee to be paid on time?
  a. within one week of the employee's start date
  b. by next week
  c. within one month of the hiring approval

Un repaso rápido de los hechos en el párrafo le dirá la respuesta **a**, dentro de una semana después de que el nuevo empleado haya empezado a trabajar.

¿Qué significa *draconian*?

Mire de nuevo la oración en que se usa la palabra *draconian:*

We're sorry if this seems like a *draconian* policy, but it is our only way to assure prompt payment of new employees.

Otra vez, aun si no tiene idea de lo que significa *draconian* (y no, ¡no tiene nada que ver con drácula!) puede determinar qué clase de palabra es, por la manera en que se usa. Usted puede, por ejemplo, contestar la pregunta:

3. *Draconian* is a
  a. positive word.
  b. negative word.

La respuesta, naturalmente, es que es una palabra negativa. ¿Cómo puede determinar eso? Bueno, hay una seña muy obvia en la oración: "We're sorry." ¿Por qué se disculparían los que escribieron la notificación si *draconian* fuera algo bueno?

Bueno, ahora que ya ha determinado que *draconian* no es nada bueno, establezca el porqué basándose en lo que significa exactamente. Su primera seña para el significado de *draconian* fue "We're sorry." ¿Qué señas más puede encontrar? Observe cómo *draconian* se usa en esta oración: para describir el nuevo reglamento explicado en el libro. Y ¿cuál es este nuevo reglamento? El pago del supervisor de empleos será reducido si no se aseguran de que los formularios de empleo están completos dentro de una semana después de que el empleado haya empezado a trabajar. Y si el formulario todavía se demora más de lo estipulado, el supervisor no estará renumerado en su pago. Eso le tiene que dar una mejor idea de lo que significa *draconian.*

4. A *draconian* policy is one that is
a. mismanaged, unorganized.
b. lenient, light.
c. drastic, severe.
d. smart, wise.

Naturalmente, la respuesta correcta es **c**, "drastic, severe." No puede ser ni **b** ni **d** porque estas son cosas positivas de las cuales los escritores de la notificación no deberían preocuparse. Y **a** no es la respuesta apropiada porque, como se puede observar, el reglamento está bien claro; sabe exactemente qué formulario tiene que ser aprobado, quién tiene que hacerlo y qué pasa si no se hace de esta manera. Además, usted puede notar que la respuesta correcta es **c** ya que el descontar el sueldo de alguien sin vistas de ninguna renumeración es una medida muy fuerte y estricta.

A propósito, la palabra *draconian* deriva del nombre griego de un creador de leyes llamado Draco, quien escribió reglamentos extremos con castigos bastante fuertes.

▶ ¿Cuánto del contexto necesita usted saber?

En el ejemplo anterior, podía entender el mensaje principal contenido en la notificación aun si no sabía—o no podía deducir—el significado de *remiss* y de *draconian*. En muchos casos, su comprensión de un pasaje depende del entendimiento de una palabra o frase en particular. Por ejemplo, ¿puede entender la oración siguiente sin saber el significado de *adversely*?

The new policy will *adversely* affect all employees.

Si es un empleado, ciertamente usted quiere saber cómo va a ser afectado. ¿Qué significa *adversely*? ¿Es algo bueno o malo? Como buen detective, que seguramente es, en esta oración no existen señas que le digan lo que esta palabra significa. Pero un pasaje con más información le dará lo que usted necesita para determinar el significado en base al contexto.

The new policy will *adversely* affect all employees. It will freeze their pay, limit their vacation time, and reduce their health benefits.

5. In the passage, *adversely* most nearly means
a. mildly, slightly.
b. regularly, steadily.
c. negatively, unfavorably.
d. immediately, swiftly.

La respuesta correcta es **c**, "negatively, unfavorably." El párrafo pequeño ahora le dice exactamente cómo el reglamento afectará a los empleados: "It will freeze their pay, limit their vacations, and reduce their benefits." Ciertamente, no es la respuesta **a**, *slight or mild change*, y tampoco es **b**, *a regular or steady change*. Y usted no sabe si es un cambio *immediate or swift* (**d**) porque la oración no dice nada acerca del tiempo en que el cambio se realizará. Recuerde, los buenos detectives no hacen suposiciones que no puedan apoyar con hechos; y en esta oración no hay hechos que apoyen la suposición de que los cambios se realizarán inmediatamente. Por consiguiente, **c** es la mejor respuesta.

Usted habrá podido notar que *adversely* se parece a la palabra *adversary*. Si sabe que un *adversary* es un enemigo, entonces podrá darse cuenta de que *adversely* no puede ser nada positivo. O si usted conoce la palabra *adversity*—mala fortuna—entonces sabe que *adversely* tiene que significar algo negativo o dificultoso. Todas estas palabras comparten la misma raíz—*advers*. Sólo cambia el final.

Práctica

Lea los pasajes siguientes y determine el significado de las palabras en base a su contexto. Las respuestas aparecen inmediatamente después de las preguntas.

> The interview went all right, but the boss, Mr. Morehouse, seemed sort of *disingenuous*. I was put off; I appreciate frank, straightforward people.

6. *Disingenuous* means
   a. brilliant
   b. insincere
   c. simple

> When you are in an interview, try not to show any *overt* signs that you are nervous. Don't shift in your chair, shake, or stutter.

7. *Overt* means
   a. embarrassing, awkward
   b. subtle, suggestive
   c. obvious, not hidden

> Doug is my most *enterprising* friend. Even if they never last, he always has at least three business schemes in mind and doesn't hesitate to court investors.

8. *Enterprising* means
   a. private, internal.
   b. prized, valued.
   c. resourceful in business.

Respuestas

6. b. Aunque parece que disingenuous está relacionada con genius, una persona brillante, su raíz es la palabra genuine, que quiere decir real o sincero. Una persona disingenuous no es sincero; como el jefe en este ejemplo, ni es frank ni straightforward.

7. c. Revolcarse, temblar y tartamudear son señales de nerviosismo bastante obvias y claras. No son **b**, desapersividas o delicadas; y a pesar de que quizás hagan sentir al entrevistado **a**, avergonzado o extraño, estas señales no son embarazosas o extrañas.

8. c. El amigo del autor siempre trata de proponer ideas a otra gente y hacer negocios. Es *resourceful*; busca y se aprovecha de los varios recursos que lo rodean.

▶ Resumen

El poder determinar el significado de palabras desconocidas en base al contexto es una táctica esencial en la lectura y comprensión. A veces habrá palabras desconocidas cuyo significado quizás no se pueda figurar sin la ayuda de un diccionario. Pero siempre más a menudo, una cuidadosa lectura del contexto le dará suficientes señas para obtener el significado.

Tácticas que implementar

- A lo largo del día y de la semana, encierre en un círculo las palabras desconocidas. En vez de buscarlas en un diccionario, trate de determinar su significado en base a su contexto. Luego, para asegurarse de su significado, búsquelas en un diccionario.

- Comience una lista de palabras de vocabulario que usted encuentre a medida que estudie las lecciones de este libro. Mucha gente se siente indecisa de sus habilidades de lectura y comprensión porque su vocabulario está limitado. Cuantas más palabras que usted sepa, tanto más fácil le será entender lo que otros le dicen; y más fácil le será contestar las preguntas. Escribiendo estas palabras en un cuaderno, las pondrá para siempre en su memoria.

4 ▶ Hecho y opinión: una diferencia crítica

RESUMEN DE LECCIÓN

Para poder entender lo que lee, usted tiene que poder diferenciar entre un hecho y una opinión. Esta lección le enseñará a distinguir entre lo que alguien sabe con certeza y lo que alguien cree saber.

¿**C**UÁL ES LA DIFERENCIA entre un hecho y una opinión, y por qué es tan importante? Es importante, especialmente para la comprensión de una lectura.

A lo largo de su vida, estará expuesto a una gran variedad de literaturas, desde artículos analíticos basados en hechos concretos hasta novelas de ficción completamente basadas en la imaginación del autor. De todas maneras, la mayor parte de lo que llegue a leer será una mezcla de hechos y opinión. Uno de los aspectos más importantes para llegar a ser un lector crítico es darse cuenta de que las opiniones no constituyen evidencia; para que las opiniones sean válidas tienen que ser apoyadas por **hechos** bien concretos:

- Cosas que se sabe con seguridad que han pasado
- Cosas que se sabe con seguridad que son verdaderas
- Cosas que se sabe con seguridad que han existido

Por otro, lado, **opiniones** son:

- Cosas que se cree haber pasado
- Cosas que se cree ser ciertas
- Cosas que se cree existir

Como se puede ver, la diferencia más importante entre hechos y opiniones no es más que la diferencia entre creer y saber. Las opiniones pueden estar basadas en hechos, pero siguen siendo lo que se piensa, no lo que se sabe.

▶ Usar los hechos para apoyar opiniones

Las opiniones *razonables* son aquéllas que están basadas en hechos o la opinión del escritor (una afirmación sobre su tema) apoyada por hechos u otra evidencia.

Piense en las oraciones temáticas que formuló al final de la lección 2. Por ejemplo, ¿formuló una oración temática sobre un compañero de curso? Quizás hayas hecho una afirmación como ésta:

James is a terrific boss.

Ésta es una buena oración temática; es una afirmación sobre un sujeto, James. Es también una opinión, que, después de todo, se puede debatir; alguien fácilmente podría decir que:

James is a terrible boss.

Ésta es otra buena oración temática y también constituye otra opinión. Aquí un buen escritor demuestra a sus lectores que su opinión es válida porque la apoya con hechos. Por ejemplo:

James is a terrific boss. He always asks us how we're doing. He lets us leave early or come in

late when we have to take care of our children. He always gives holiday bonuses. And he offers tuition reimbursement for any course, even if it has nothing to do with our position.

Observe cómo la oración temática expone una opinión, mientras que las demás oraciones apoyan esa opinión con hechos sobre la manera en que James trata a sus empleados. Vemos que este ejemplo es más efectivo que algo como lo siguiente:

James is a terrible boss. I really don't like him. He just can't get along with people. And he has stupid ideas about politics.

¿Por qué el primer párrafo es más efectivo? Porque no es solamente una opinión. Es una opinión apoyada por evidencia. El segundo párrafo es, en su totalidad, una opinión. Cada oración es discutible; cada oración nos dice lo que el autor cree que es la verdad, pero no lo que se sabe como la verdad. El autor del segundo párrafo no provee ninguna evidencia que apoye sus ideas sobre James como un mal jefe. Como resultado, uno no puede tomar su opinión muy en serio.

Por otro lado, en el primer párrafo, el autor ofrece evidencia concreta que apoya sus ideas sobre James como un buen jefe. Después de la primera opinión, el autor provee los hechos—cosas específicas que hace James (pueden ser verificadas por otros observadores)—y que hacen de él un buen jefe. Quizás no estés de acuerdo en que James sea un buen jefe, pero por lo menos puede ver claramente por qué el autor piensa lo contrario.

▶ Distinguir entre hecho y opinión

Cuando lee prosa académica, muy a menudo tendrá que distinguir entre hechos y opiniones—es decir, entre lo que el autor piensa y cómo apoya lo que piensa y entre lo que se ha probado que es verdad y lo que se necesita probar.

Un buen ejercicio para determinar si algo es un hecho o una opinión es preguntarse a sí mismo, "¿Se sabe con exactitud si es cierto?" Si no, es una opinión.

Práctica 1

Trate estas preguntas con las afirmaciones siguientes. Léalas cuidadosamente, y luego escriba una *F* (*fact*) en el espacio si la oración es un hecho y una *O* (*opinion*) si es una opinión. Las respuestas aparecen inmediatamente después de las preguntas.

_____ **1.** The Olympics are held every two years.

_____ **2.** The Olympics are really fun to watch.

_____ **3.** The Olympics should be held every year.

_____ **4.** The 1996 Summer Olympics were held in Atlanta, Georgia.

_____ **5.** The long jump is the most exciting Olympic event.

Respuestas

1. Fact

2. Opinion

3. Opinion

4. Fact

5. Opinion

Práctica 2

Después, practique el mismo ejercicio con un párrafo entero. Subraye los hechos y use un marcador o un bolígrafo de color para indicar las opiniones. Tenga cuidado—quizás los encuentre juntos en la misma oración. Una vez que termine, puede verificar sus respuestas en el pasaje ya marcado que sigue a continuación.

There are many different ways to invest your money to provide for a financially secure future. Many people invest in stocks and bonds, but I think good old-fashioned savings accounts and CDs (certificates of deposit) are the best way to invest your hard-earned money. Stocks and bonds are often risky, and it doesn't make sense to risk losing the money you've worked so hard for. True, regular savings accounts and CDs can't make you a millionaire overnight or provide the high returns some stock investments do. But by the same token, savings accounts and CDs are fully insured and provide steady, secure interest on your money. That makes a whole lot of cents.

Respuestas

¿Cómo lo hizo? ¿Fue fácil distinguir entre hechos y opiniones? Su pasaje debe verse así. Los hechos están subrayados y las opiniones, en letras de negrilla.

> There are many different ways to invest your money to provide for a financially secure future. Many people invest in stocks and bonds, **but I think good old-fashioned savings accounts and CDs (certificates of deposit) are the best way to invest your hard-earned money.** Stocks and bonds are often risky, **and it doesn't make sense to risk losing the money you've worked so hard for.** True, regular savings accounts and CDs can't make you a millionaire overnight or provide the high returns some stock investments do. But by the same token, savings accounts and CDs are fully insured and provide steady, secure interest on your money. **That makes a whole lot of cents.**

Práctica 3

Para fortalecer su habilidad de poder distinguir entre hechos y opiniones, trate lo siguiente.

VERDAD: *Wednesday is the fourth day of the week.*

Ahora, conviértala en una opinión. Transfórmela en algo discutible, como por ejemplo:

OPINIÓN: *Wednesday is the longest day of the week.*

Otro ejemplo:

VERDAD: *People insured by an HMO can only choose from doctors on that HMO plan.*

OPINIÓN : *People insured by HMOs should be able to choose any doctor they wish.*

Ahora pruebe usted. Algunas respuestas sugeridas siguen a las preguntas.

6. **VERDAD:** *Prior to the Civil War, the American South broke away from the Union.*

   OPINIÓN:

7. **VERDAD:** *George W. Bush signed into law a series of tax cuts for the wealthiest U.S. citizens.*

   OPINIÓN:

8. **VERDAD:** *Carrie's skirt is bright green.*

   OPINIÓN:

9. VERDAD: *Certain drugs are legal in the Netherlands that are illegal in the United States.*

OPINIÓN:

10. VERDAD: *Many new office buildings are being constructed downtown.*

OPINIÓN:

Respuestas

Es claro que hay un montón de respuestas aceptables para estos temas. Aquí están algunas:

6. The South seceded for primarily economic reasons.
A group of states never has the right to separate from the rest of its nation.
The Civil War was one of the worst tragedies in American history.

7. Bush's tax program was unfair to the middle and lower classes.
Cutting taxes for the wealthy is a strong way to stimulate growth.
Taxes should be abolished altogether.

8. That is an extremely ugly skirt.
That skirt is pretty, but it is inappropriate for work—too short and revealing.
Skirts are less practical than pants.

9. It is important to control drug use; American policies keep everyone healthy and safe. Governments have no right to regulate drug use. The Netherlands was right to legalize drugs, but prostitution should never be legal.

10. This new construction will revitalize the city. Developers should not be allowed to build skyscrapers in primarily residential neighborhoods. Every new building should be approved by a council of affected residents before it can go up.

▶ Resumen

El poder diferenciar entre un hecho y una opinión es una habilidad muy importante. Como detective, usted necesita saber la diferencia entre lo que la gente piensa y lo que la gente sabe. De esa manera, podrá juzgar por sí mismo la validez de esas opiniones.

Técnicas adquiridas

■ Escuche cuidadosamente lo que otra gente dice y trate de determinar si están declarando un hecho o expresando una opinión. Cuando dan opiniones, ¿las apoyan?

■ A medida que encuentre hoy hechos y opiniones, practique el convertirlas en sus opuestos; haga de los hechos opiniones y de las opiniones hechos.

5▶ Ponerlo todo en práctica

RESUMEN DE LECCIÓN

Esta lección es una revisión de todo lo que usted ha aprendido en las Lecciones 1–4: obtener los hechos, encontrar la idea principal, determinar el significado de palabras y distinguir entre hechos y opiniones. En esta lección usted obtendrá la práctica necesaria para usar estos cuatro recursos todos al mismo tiempo.

PARA RESOLVER UN CRIMEN, un detective no sólo tiene que obtener los hechos del caso, descubrir el motivo, descifrar las huellas y distinguir entre hecho y opinión. Para tener éxito, un detective tiene que hacer todas estas cosas al mismo tiempo. De la misma manera, el acto de leer no puede ser dividido independientemente. La comprensión de una lectura se adquiere usando todas estas estrategias a la vez. Esta lección le da la oportunidad de agrupar todas estas estrategias y poner sus habilidades de lectura y comprensión en el siguiente nivel.

▶ Revisión: lo que ha aprendido hasta ahora

Estas son las estrategias que estudió en las pasadas cuatro lecciones:

- **Lección No. 1: Encontrar los hechos o datos en una lectura.** Usted practicó el buscar la información básica contenida en los párrafos: quién, qué, cuándo, dónde y cómo.
- **Lección No. 2: Encontrar la idea principal.** Usted aprendió mucho acerca de oraciones temáticas y cómo éstas expresan una afirmación sobre el tema de un párrafo. Vio como la idea principal debe de ser suficientemente general para cubrir todas las otras oraciones del mismo párrafo. Es una idea que controla el párrafo, y las demás oraciones trabajan para apoyar esa idea principal.
- **Lección No. 3: Determinar el significado de las palabras a través del contenido.** Practicó la búsqueda de señas o pistas para establecer el significado de una palabra u oración en base a otras palabras y oraciones.
- **Lección No. 4: Distinción entre hechos y opiniones.** Aprendió que un hecho es algo conocido como una verdad, mientras que una opinión es algo que sólo se cree ser cierto. Practicó el distinguir entre ambas y vio cómo los buenos párrafos usan hechos para apoyar opiniones.

Si alguno de estos términos o estrategias le parecen extrañas, pare aquí. Tome unos minutos para revisar la lección que no esté muy clara.

▶ Práctica

En esta lección podrá mejorar sus habilidades de lectura y comprensión usando todas las estrategias mencionadas anteriormente. Este proceso se le hará más claro a medida que sus técnicas de lectura se desarrollen.

Práctica: pasaje no. 1

Comience por revisar los párrafos siguientes. Recuerde leer activamente, marcando el texto a medida que lea, y luego conteste las preguntas. Un ejemplo de cómo marcar a la vez el texto y las respuestas para el ejercicio se encuentra después de las preguntas.

Following proper procedure is important in any job. But in no job is following proper procedure more important than in police work. In police work, not following proper procedure—like not handling evidence properly—can cause an officer to ruin a case by destroying an important clue. Later, the officer may be unable to convict the perpetrator in court because of mishandled evidence. Furthermore, not following proper procedure at the scene of an accident or hold-up, for example, could cause innocent people to get hurt. Most importantly, not following proper procedure in dangerous situations like robberies in progress and high-speed chases can cost an officer or someone else his or her life.

1. What is the subject of this passage?

2. According to the passage, which of the following consequences can happen to a police officer who doesn't follow proper procedure? (Circle all correct answers.)

   a. lose his or her job

   b. ruin the court case

   c. be unable to solve the case

   d. get a reduction in pay

   e. lose his or her life

   f. cause others to get hurt or killed

   g. get transferred

3. A *perpetrator* is

   a. a victim of a crime.

   b. a committer of a crime.

   c. an investigator of a crime.

   d. the object stolen.

4. Which of the following best summarizes the main idea of the passage?

   a. You will get fired if you don't follow proper procedure.

   b. A police officer's life depends upon proper procedure.

   c. Police officers more than anyone else must follow proper procedure.

5. True or False: "But in no job is following proper procedure more important than in police work" is a topic sentence.

6. True or False: "But in no job is following proper procedure more important than in police work" is an opinion.

Práctica para marcar el párrafo no. 1

Antes de comparar sus preguntas, vea de nuevo el párrafo. ¿Lo marcó? Si así lo hizo, debe verse como esto:

Following proper procedure is important in any job. But in no job is following proper procedure more important than in police work. In police work, not following proper procedure—like not handling evidence properly—can cause an officer to ruin a case by destroying an important clue. Later, the officer may be unable to convict the perpetrator in court because of mishandled evidence. Furthermore, not following proper procedure at the scene of an accident or hold up, for example, could cause innocent people to get hurt. Most importantly, not following proper procedure in dangerous situations like robberies in progress and high-speed chases can cost an officer or someone else his or her life.

main idea

What can happen—
—ruin a case
* (destroy clue)*
—mishandle evidence
* (unable to convict)*
—hurt innocent
* people*
—get killed

perpetrator: person who commits a crime

Respuestas

1. El sujeto del párrafo es *following proper police procedure*. Recuerde que el sujeto es de quién o de qué trata el pasaje.

2. b, c, e, f. Todos estos resultados se mencionan en el pasaje. Un policía que no sigue las reglas establecidas puede perder su trabajo (**a**), hacer que le reduzcan su salario (**d**) o ser transferido (**g**). Ninguna de estas consecuencias está *dentro del párrafo*.

Recuerde que usted está buscando los hechos que *el autor* presenta. Es de gran importancia, especialmente cuando esté tomando exámenes, no incluir respuestas que no estén presentes dentro del texto. Por deducción *lógica* se sabe que un policía que no sigue las reglas puede perder su trabajo, algo que, por ejemplo, no se menciona en el texto. Como un buen detective, usted tiene que mantenerse del lado de los hechos del caso, es decir, lo que el párrafo le presenta. Cualquier suposición que haga acerca del pasaje debe estar basada en la evidencia contenida en el mismo.

3. b. Un *perpetrator* es una persona que comete un crimen. La seña más obvia está en la manera en que la palabra se usa en la oración: "the officer may be unable to convict the perpetrator in court." El policía no quería sentenciar a otra persona que no fuera el que cometió el crimen.

4. c. La respuesta **a** es una suposición que no se basa en nada escrito en el pasaje. La respuesta **b** es muy específica—es solamente un ejemplo de lo que puede pasar con un oficial que no sigue los procedimientos correctos. Todos los casos en que no se siguen correctamente los procedimientos no cuestan la vida del oficial de policía. Solamente **c** es suficientemente general para cubrir todo el párrafo.

5. Correcto. Esta oración expresa la idea principal.

6. Correcto. Esta oración es una opinión ya que puede ser discutible. Otra persona puede pensar que para un bombero es más importante seguir las reglas; y otra puede pensar lo contrario, que es más importante que un constructor siga los reglamentos apropiados. Esto es claramente lo que piensa el autor y no un hecho establecido.

¿Cómo lo hizo? Si contestó todas las seis preguntas correctamente, ¡felicidades! Si falló con una o más preguntas, vea la tabla que sigue para ver a qué lección debe referirse.

SI USTED NO ACERTO:	ESTUDIE:
Pregunta 1	Lección 2
Pregunta 2	Lección 1
Pregunta 3	Lección 3
Pregunta 4	Lección 2
Pregunta 5	Lección 2
Pregunta 6	Lección 4

Práctica: pasaje no. 2

Para terminar esta lección, trate un párrafo más. De la misma manera, marque cuidadosamente el párrafo y conteste las preguntas que siguen.

Over the past 25 years, new media have changed the way we listen to music. The compact disc (CD), available since 1982, was the first widely available digital medium on the market. Before that year, people purchased music on vinyl records, tape cassettes, and less enduring media such as eight-track cartridges (who still listens to those or even remembers them?). To this day, many people prefer the warm sound of vinyl to the supposedly cold, tinny tone found on CDs, but the latter form has several important advantages. One is size: CDs are five inches across, whereas records are a full 12 inches in diameter. CDs are lighter, and they hold more music besides: 80 minutes, compared to 45 minutes per record. Still, there is no perfect format: with the advent of MP3 players, many people have stopped buying CDs. The ethics of MP3 downloading are subject to debate (Napster, an early enabler, went to court in 2000), but technology marches on.

7. According to the passage, which format holds more minutes of music?

   a. compact disc

   b. vinyl record

   c. neither; they hold the same amount

8. In which year did compact discs become available?

   a. 1982

   b. 2000

   c. 2007

9. True or False: Vinyl records are a digital music format.

10. *Enduring* means

   a. lasting.

   b. legitimate.

   c. great-sounding.

11. The main idea of this paragraph is best expressed in which sentence?

12. Fact or opinion: "To this day, many people prefer the warm sound of vinyl to the supposedly cold, tinny tone found on CDs, but the latter form has several important advantages."

Respuestas

7. a. Dice explícitamente que un disco compacto contiene 80 minutos—más que 45.

8. a. El año 1982 representa el comienzo del período de 25 años en cuestión. Vea la primera oración.

9. Falso. El disco compacto fue la primera forma digital; otros discos que existían antes no son digitales.

10. a. Cosas *enduring* todavía se utilizan. Es obvio en este pasaje que los discos de vinilo mantienen algunos aficionados a pesar de que ya no son muy populares. Los *eight-tracks* no son *enduring*: el autor sugiere que nadie todavía los usan (ni siquiera los recuerda).

11. La primera. El párrafo trata de los cambios que han afectado como escuchamos la música.

12. Opinión. Aunque presenta la primera parte como hecho sobre las opiniones de otra gente ("many people prefer . . ."), al final el autor dice que hay "important advantages" en usar los discos compactos—importantes según él mismo.

¿Cómo lo hizo esta vez? ¿Mejor? Si no contestó alguna pregunta, trate de determinar qué preguntas corresponden a qué lecciones. Esto le ayuda a determinar en qué categorías necesita más ayuda.

Técnicas adquiridas

- Escriba un párrafo sobre lo que ha aprendido en esta sección. Comience su párrafo con una oración temática clara, como por ejemplo: "He aprendido muchas estrategias de lectura desde la lección no. 1" o "He aprendido que la lectura y comprensión no es tan difícil como lo pensaba." Entonces, escriba unas cuantas oraciones que apoyen o expliquen su afirmación. Trate de usar por lo menos una nueva palabra de vocabulario que haya aprendido en esta sección.

Estructura ▶

AHORA PUEDE COMENZAR a enfocarse en una estrategia específica de lectura y comprensión: estructura. ¿Cómo organizan los escritores sus ideas?

Trate de pensar en el escritor como un arquitecto. Cada edificio tiene un número de habitaciones organizadas conforme al criterio del arquitecto. De la misma manera, las ideas y oraciones de algo escrito, son enteramente organizadas por el autor según un patrón o modelo. En esta sección aprenderá los cuatro modelos de organización más usados por escritores:

- Orden cronológico
- Orden de importancia
- Comparación y contraste
- Causa y efecto

Aprenderá a reconocer estos modelos y algunas de las razones por las cuales los escritores hacen uso de ellos.

6▶

Cronología: empezar y terminar

RESUMEN DE LA LECCIÓN

Esta lección se enfoca en una de las estructuras más sencillas que usan los escritores: orden cronológico, o el arreglo de eventos conforme al orden en que ocurren.

H AY MUCHAS MANERAS de narrar una historia. Algunas historias comienzan en el centro y regresan al comienzo; otras comienzan al final y cuentan la historia en reverso. Pero la mayor parte del tiempo, las historias comienzan al principio. Muy a menudo los escritores comienzan con lo que pasó primero y luego nos dicen lo que pasó después, adelante hasta el final. Cuando un escritor cuenta una historia en este orden, desde el principio hasta el final y en el orden en que pasan las cosas, nos está contando la historia en orden cronológico. La cronología es el arreglo de sucesos o eventos en el orden en que pasan.

▶ Cronología y transiciones

La mayor parte de lo que se lee está organizado cronológicamente. Periódicos, revistas, apuntes de una reunión, explicaciones de procesos y mucho más están organizados de esta forma. Por ejemplo, observe el siguiente párrafo del boletín interno de una compañía:

> This year's employee award ceremony was a tremendous success. The first award was given to Carlos Fe for Perfect Attendance. The second award, for Most Dedicated Employee, went to Jennifer Steele. Then our president, Martin Lucas, interrupted the awards ceremony to announce that he and his wife were having a baby. When he finished, everyone stood up for a congratulatory toast. Afterward, the third award was given to Karen Hunt for Most Inspiring Employee. Finally, President Lucas ended the ceremony by giving everyone a bonus check for $100.

Usted se podrá dar cuenta de que este párrafo narra lo que pasó en la ceremonia desde el comienzo hasta el final. Hay dos maneras de que se sabe. Primero, por el orden de las mismas oraciones, usted podrá deducir a través del uso de palabras y oraciones transicionales que indican un cambio de una idea a otra. Esto es el mismo párrafo con las palabras transicionales subrayadas:

> This year's employee award ceremony was a tremendous success. The <u>first</u> award was given to Carlos Fe for Perfect Attendance. The <u>second</u> award, for Most Dedicated Employee, went to Jennifer Steele. <u>Then</u> the president, Martin Lucas, interrupted the awards ceremony to announce that he and his wife were having a baby. <u>When</u> he finished, everyone stood up for a congratulatory toast. <u>Afterward</u>, the <u>third</u> award was given to Karen Hunt for Most Inspiring Employee. <u>Finally</u>, President Lucas

ended the ceremony by giving everyone a bonus check for $100.

Las palabras subrayadas son palabras de transición porque mantienen ligados cronológicamente en orden los eventos. Observe cómo suena sin estas palabras:

> This year's employee award ceremony was a tremendous success. The award was given to Carlos Fe for Perfect Attendance. The award for Most Dedicated Employee went to Jennifer Steele. The president, Martin Lucas, interrupted the awards ceremony to announce that he and his wife were having a baby. He finished; everyone stood up for a congratulatory toast. The award was given to Karen Hunt for Most Inspiring Employee. President Lucas ended the ceremony by giving everyone a bonus check for $100.

No suena tan bien como el párrafo anterior, ¿verdad?

▶ Práctica con palabras y frases de transición

Práctica: pasaje no. 1

Esto es otro ejemplo extremo de un párrafo con las palabras y frases transicionales omitidas:

> I went to work early to get some extra filing done. I got there; the phone started ringing. My boss walked in. He asked me to type up a letter for him. He asked me to make arrangements for a client to stay in town overnight. I looked at my watch; it was already 11 o'clock.

Añada las palabras siguientes y frases al mismo párrafo:

immediately	yesterday
as soon as	a moment later
when	then

_____ I went to work early to get some extra filing done. _____ I got there, the phone started ringing. _____ my boss walked in. _____ he asked me to type up a letter for him. _____ he asked me to make arrangements for a client to stay in town overnight. _____ I looked at my watch, it was already 11 o'clock.

¿Puede ver cómo suena el párrafo con palabras y frases transicionales que le sirven de guía?

Respuestas

Usted puede haber logrado una versión un poco diferente, pero ésta es una buena manera de haber llenado los espacios vacíos:

Yesterday I went to work early to get some extra filing done. As soon as I got there, the phone started ringing. A moment later my boss walked in. Immediately he asked me to type up a letter for him. Then he asked me to make arrangements for a client to stay in town overnight. When I looked at my watch, it was already 11 o'clock.

Práctica: pasaje no. 2

Aquí tiene una serie de eventos alistados al azar. En cada oración use las palabras y frases transicionales para ayudarse a ponerlas en un orden cronológico. Enumere las oraciones de 1 a 6 en los espacios.

_____ Once the eggs are beaten, pour them into the pan.

_____ First, make sure you have all the necessary ingredients.

_____ If everything is there, then butter the pan so nothing will stick to it.

_____ After the eggs cook for a minute, start to agitate them with a wooden spoon.

_____ Finally, when the eggs are sufficiently scrambled and fluffy, turn off the heat, serve, and enjoy.

_____ After you butter it lightly, set the pan aside over low heat and beat the four eggs in a large bowl with some milk, pepper, and Tabasco sauce.

Respuestas

El orden correcto es 4, 1, 2, 5, 6, 3. En un párrafo cronológico lucen así:

First, make sure you have all the necessary ingredients. If everything is there, then butter the pan so nothing will stick to it. After you butter it lightly, set the pan aside over low heat and beat the four eggs in a large bowl with some milk, pepper, and Tabasco sauce. Once the eggs are beaten, pour them into the pan. After the eggs cook for a minute, start to agitate them with a wooden spoon. Finally, when the eggs are sufficiently scrambled and fluffy, turn off the heat, serve, and enjoy.

Práctica: pasaje no. 3

¿Recuerde la historia de Mr. Blank, el que regresó a su casa y encontró que le habían robado su apartamento? En la próxima página mira la manera en que su historia fue presentada en la lección 1.

On Tuesday, August 30, Mr. Blank, a prominent local citizen, arrived home from work to find his apartment had been robbed. The thieves somehow managed to slip past building security at 131 West Elm Street with nearly all of Mr. Blank's belongings. In fact, the thieves left behind nothing but a stack of old *Home Decorator* magazines and a can of pork and beans. The robbery was reported by Mr. Blank's neighbor, who found Mr. Blank unconscious in his doorway. Apparently Mr. Blank was so shocked by the robbery that he fainted. His neighbor immediately called an ambulance and then the police. Mr. Blank is now staying with relatives and is offering a reward of $25,000 for any information leading to the arrest of the thieves.

Observe que este párrafo no está arreglado en orden cronológico. Tome los diez eventos contenidos en la historia y ordénelos de manera que estén en orden cronológico.

A continuación, la lista de eventos como se presentan en la historia:

- Mr. Blank came home.
- His apartment was robbed.
- Thieves slipped by building security with his things.
- Thieves left only magazines and a can of pork and beans behind.
- Mr. Blank's neighbor reported the robbery.
- Mr. Blank was found by his neighbor.
- Mr. Blank fainted.
- Mr. Blank's neighbor called an ambulance.
- Mr. Blank's neighbor called the police.
- Mr. Blank offered a reward.

Ahora ponga estos eventos en orden cronológico.

1.

2.

3.

4.

5.

6.

7.

8.

9.

10.

Una vez hecho esto, tome estos eventos ordenados cronológicamente y arréglalos en un párrafo coherente. Para hacer esto, necesita añadir palabras y frases transicionales. Esta es una lista de esas palabras comúnmente usadas en párrafos ordenados cronológicamente:

first	soon
second	after
third	before
next	during
now	while
then	meanwhile
when	in the meantime
as soon as	at last
immediately	eventually
suddenly	finally

Escriba su párrafo en orden cronológico con frases transicionales debajo o en otra hoja de papel separada.

Respuestas

Por cierto, hay muchas maneras posibles de usar palabras y frases transicionales para poner la historia de Mr. Blank en un orden cronológico. Una de esas posibilidades es:

> On Tuesday, Mr. Blank's apartment was robbed by thieves who slipped past building security with almost all Mr. Blank's things <u>while</u> Mr. Blank was at work. The thieves left only some magazines and a can of pork and beans behind. <u>When</u> Mr. Blank came home, he was so upset that he fainted. <u>Soon</u> Mr. Blank was found by his neighbor. His neighbor <u>immediately</u> called an ambulance and <u>then</u> called the police to report the robbery. Mr. Blank is <u>now</u> offering a $25,000 reward.

Práctica: pasaje no. 4

El orden cronológico es muy importante especialmente cuando se trata de procesos. Si usted no ejecuta los pasos en orden cronológico, no podrá obtener los resultados que desea. Imagínese por unos instantes que quiera hacer una torta. ¿Qué pasa si hace las cosas fuera de orden? Usted se queda sin postre.

Naturalmente, las consecuencias de no seguir un orden cronológico apropiado en el trabajo puede llegar a ser una cosa más seria. Es por eso que debe apoyar esta habilidad adquirida. Lea el párrafo siguiente y márquelo para ayudarse a seguir los pasos que un empleado debe seguir para lograr obtener el reembolso de matrícula.

> Our company will be happy to reimburse you for college courses that enhance your job performance. Before you register for the course, you must get approval first from your immediate supervisor and then from Human Resources. If you are taking the course for credit, you must receive a C+ or better in the course. If you are not taking it for credit, you must pass the course. After you have completed the course, you must write a report explaining the content of the course and its relevance to your position. Then, you must fill out a reimbursement request. Attach a tuition payment receipt, your report, and a copy of your grades to this request and promptly submit this request to your supervisor. Once your supervisor has approved the request, you can then submit all of these forms to Human Resources, and you should receive your check within two weeks.

Hay ocho pasos separados que un empleado debe seguir para obtener reembolso por clases tomadas en la universidad. ¿Cuáles son? Póngalos en el orden en que los empleados tienen que hacerlos.

1.

2.

3.

4.

5.

6.

7.

8.

Si usted marcó su párrafo, puede ver fácilmente los diferentes pasos que seguir. Así es como usted debería haberlo marcado. Las palabras y frases transicionales están marcadas en negritas.

need approval before registering!

Our company will be happy to reimburse you for college courses that enhance your job performance. **Before** you register for the course, you must get

1 + 2   approval **first** from your immediate supervisor and **then** from Human Resources.

3   If you are taking the course for credit, you must receive a C+ or better in the course. If you are not taking it for credit, you must pass the course. **After** you

4   have completed the course, you must write a report explaining the content of the course and its relevance to your position. **Then**, you must fill out a reim-

5 + 6   bursement request. Attach a tuition payment receipt, your report, and a copy

7   of your grades to this request and **promptly** submit this request to your supervisor. **Once** your supervisor has approved the request, you can **then** submit all

8   of these forms to Human Resources, and you should receive your check within two weeks.

1st —get supervisor approval
2nd —get HR approval
3rd —take course— get C+ or better!
4th —write report
5th —fill out reimb. request
6th —attach tuition, report + grades to request
7th —submit to supervisor
8th —submit to HR

Si a usted se le olvidó un paso, no se le podrá reembolsar. Entonces, es de importancia crítica poder identificar cada paso y el orden en que estos pasos se deben seguir.

▶ Resumen

Una estructura cronológica es, naturalmente, un modelo de organización muy beneficioso. Los eventos pasan en cierto orden, entonces los escritores los presentan en ese orden. Manténgase alerta por las palabras y frases transicionales que indican esta clase de organización.

Técnicas adquiridas

- Trate de organizar cronológicamente lo que hizo ayer. Si usted piensa en cosas que le han sucedido durante el fin de semana, por ejemplo, piense en el orden en que sucedieron: First I ____, then _____, suddenly, _____, and so on.
- Mientras lee acerca de eventos en el periódico o en otros lugares, arregle los diferentes componentes de cada evento cronológicamente, de la misma manera que lo hizo con la historia de Mr. Blank.

7 ▶ Orden de importancia

RESUMEN DE LA LECCIÓN

Continuando con sus estudios de las estructuras del material de lectura, esta lección demuestra cómo algunos escritores usan el orden de importancia—desde lo menos importante hasta lo más importante y viceversa. El entender esta estructura comúnmente usada le ayudará a ver cuál es lo más importante de una selección escrita.

C IENTÍFICAMENTE SE HA probado que la gente recuerda más lo primero y lo último que se aprende de una lección. Hace mucho tiempo que los escritores lo saben instinctivamente, y es por esa razón que muchas cosas escritas no se organizan en orden cronológico, sino en orden de importancia.

Imagínese nuevamente que el escritor sea un arquitecto. ¿Cómo podrá arreglar el orden de los cuartos? De acuerdo a la jerarquía. Una jerarquía es un grupo de cosas organizadas conforme a su rango u orden de importancia. En esta forma de organización, la cronología no determina el orden. Por consiguiente, este arquitecto acomodaría los cuartos de la manera que sigue: Al entrar por la puerta principal, el primer cuarto sería la oficina del presidente, luego la del vice presidente, y después la del asistente del vice presidente hasta llegar a la posición más baja. También se puede dar en viceversa; el arquitecto podría decidir que al entrar debe conocer al empleado menos importante de la compañía y poco a poco llegar a alcanzar el cuarto del presidente.

De la misma manera, cuando se escribe, las ideas se pueden organizar de según el orden de importancia. De esta forma, ¿qué idea es la primera? No la que ocurrió primero, sino la que es más o menos importante.

▶ De lo más a lo menos importante

En el párrafo siguiente, el autor comienza por lo que es más importante y espera que el lector esté seguro de recordarlo. Después de haber leído la selección, conteste las preguntas que siguen. Cada pregunta es seguida por su respuesta para guiarle cuando lea el pasaje.

There are many things you can do to make tax time easier. The single most important thing you can do is to keep accurate records. Keep all of your pay stubs, receipts, bank statements, and so forth in a neat, organized folder so that when you're ready to prepare your form, all of your paperwork is in one place. The second thing you can do is start early. Get your tax forms from the post office as soon as they are available and start calculating. This way, if you run into any problems, you have plenty of time to straighten them out. You can also save time by reading the directions carefully. This will prevent time-consuming errors. Finally, if your taxes are relatively simple (you don't have any itemized deductions or special investments), use the shorter tax form. It's only one page, and if your records are in order, it can be completed in an hour or less.

1. According to the passage, what's the most important thing you can do to make tax time easier?

La respuesta, naturalmente, debe de estar clara: el escritor le dice claramente que "el hecho de más importancia" es el "mantener documentación exacta."

2. What is the second most important thing you can do to make tax time easier?

La segunda cosa que tambièn es importante es el segundo consejo ofrecido en el párrafo: "comenzar temprano."

3. What's the third most important thing?

¿Escribió usted "Read the directions carefully"? Es correcto.

4. Finally, what is the *least* important tip the writer offers?

Naturalmente, la respuesta es el último consejo que el autor puede ofrecer: Use la forma abreviada si puede.

▶ De lo menos a lo más importante

Algunos autores prefieren el acercamiento opuesto. En vez de comenzar con la idea más importante, ellos prefieren terminar con ella. De esa manera no sólo dejan al lector con una fuerte impresión final, sino también se aprovechan del efecto de acumulación (*snowball effect*). Este efecto es la acumulación o fuerza que un escritor obtiene al moverse hacia lo más importante. Como una bola de nieve, las ideas de un autor se van acumulando e incrementando en tamaño e importancia. Al empezar con el punto menos importante, también se puede crear suspenso—el lector se pone a esperar la idea final. Cada idea o elemento se va construyendo sobre la de las base que vienen primero, igual que una bola de nieve.

Esto es un ejemplo de un párrafo construido desde lo menos a lo más importante. Lea el párrafo, márquelo a medida que lea y conteste las preguntas que siguen.

There are a number of reasons why there should not be dress-down days at work. First of all, workplaces need to maintain a conscious distinction between the professional and the casual. This distinction is maintained largely by dress. When this distinction vanishes, workers might begin to be more casual with each other, making it difficult to maintain a professional atmosphere.

More importantly, casual wear destroys company hierarchy. When the president of the company comes to work wearing khaki pants and a polo shirt, employees are likely to say, "Why, he's just one of us." While in real life people are indeed equal, in the workplace they are not.

But the most important reason employees should not be allowed to come to work dressed casually is because it drastically decreases productivity. When people are dressed professionally, they work; when they are dressed casually, the temptation to be casual about getting work done is too great. Employees spend time milling about and have a tendency to cut corners: "Oh, I don't need to proofread this again. It's good enough." This attitude in the workplace not only can be dangerous to a company's welfare—it can be fatal.

En los espacios que siguen, haga una lista (en el orden que aparecen en el pasaje) de las razones que el autor provee para estar en contra del vestir casual en el lugar de trabajo. En el próximo grupo de espacios, escriba las mismas razones en orden de importancia.

Orden de importancia

1.

2.

3.

Como podrá ver, el orden de una lista se opone a otra. El autor comienza con lo menos importante y termina con lo más importante. ¿Por qué? ¿Por qué no de la otra manera?

Este autor utiliza la estrategia de organización de lo menos a lo más importante. Trata de demonstrar que la idea de tener día de vestir casual en el trabajo no es una buena idea. Si comienza con lo que cree es el punto más importante y creíble, ya de antemano, habría presentado toda su posición. Cuando el tema

Orden de presentación

1.

2.

3.

es especialmente controversial, los escritores usan generalmente la estructura de lo menos a lo más importante. De esa manera, si sus puntos menos importantes tienen sentido para el lector, entonces sus puntos más importantes serán aún de más peso.

Por consiguiente, usted a menudo puede ver este tipo de estructura—lo menos a lo más importante—en un argumento. "Lo mejor siempre se guarda para después." Generalmente en un argumento, "lo mejor" tiene más impacto.

En el primer ejemplo, sobre la preparación para pagar impuestos, el autor no trata de convencer. Sólo se pone a ofrecer consejos. Por lo tanto no hay necesidad de una acumulación de información. El lector puede dejar de leer esa clase de párrafo una vez que encuentre indicios que no le van a ser beneficioso. Por eso, las ideas más importantes siempre van primero, para asegurarse que se lean.

Es decir que las intenciones del escritor, los motivos que tenga para escribir, influyen la selección de modos de organización. Del mismo modo, la estructura influye como procede con la lectura y si la entiende.

Práctica

A continuación vea la lista de razones que más se sigue desayunar todos los días. Si usted tuviera que ordenar esta lista en un párrafo de manera que pueda convencer al lector por qué, ¿cómo organizaría la lista? Primero presente las razones en orden de importancia y luego en el orden en que usted las presentaría.

Cinco razones por desayunar todos los días

- Le da energía para el día entero, sin la cual ni piensa ni funciona bien.
- Hay muchas comidas ricas que se comen exclusivamente para el desayuno.
- Es más barato que el almuerzo y la cena.
- Previene que comas bocados insalubres durante el día.
- No requiere más de diez minutos cada mañana.

Ejemplo: más a menos importancia

There are many reasons why everyone should start the day with breakfast. First and foremost, it supplies you with energy to get through the day—energy without which you won't think or perform at your best. Eating a good breakfast will also prevent you from feeling the need to snack throughout the day on junk food. There are many delicious foods eaten only at breakfast time. Furthermore, breakfast foods are relatively cheap. In addition, it doesn't take more than ten minutes each morning to eat this important meal.

Ejemplo: de menos a más importancia

There are many reasons why everyone should start the day with breakfast. First of all, it takes only ten minutes or so to eat this important meal. Second, breakfast foods are cheap and easy to find. Third, they are delicious; you shouldn't miss out on cereal, juice, and toast. More importantly, eating a good breakfast will prevent you from feeling the need to snack throughout the day on junk food. Above all, breakfast supplies you with energy to get through the day—energy without which you won't think or perform at your best.

Repaso
Transiciones

Observe cómo las palabras y frases transicionales se usan en los párrafos anteriores. Regrese a cada párrafo y subraye las palabras y frases transicionales.

Éstas son las palabras que debería haber subrayado en el primer párrafo: *first and foremost, also, furthermore, in addition.* El segundo párrafo usa diferentes palabras y frases transicionales: *first of all, second, third, more importantly,* and *above all.*

La idea principal

A propósito, ¿cuál es la idea principal de los dos párrafos anteriores? ¿Puede notor una oración temática? Escriba la idea principal de los dos párrafos en el espacio provisto.

Quizás pueda reconocer que la primera oración en cada párrafo, "There are many reasons why everyone should start the day with breakfast," es la oración temática que gobierna cada párrafo. Esta oración es suficientemente general para cubrir cada una de las diferentes razones expuestas, y hace una afirmación sobre el desayunar: siempre debería hacerlo.

▶ Resumen

La organización de ideas en orden de importancia es algo que va a encontrar muy a menudo. Ya sea que un párrafo está organizado de lo más a lo menos importante o de lo menos a lo más importante, ahora esta técnica se debe reconocer fácilmente.

Técnicas adquiridas

- Trate de organizar las listas que se encuentren. ¿Están presentadas en orden de importancia? Sí las listas no están ordenadas jerárquicamente, trate de organizarlas en orden de importancia.
- Cree su propio párrafo de "orden de importanica," como por ejemplo el párrafo usado para la lista de razones por siempre desayunar.

8 ▶ Similitudes y diferencias: comparar y contrastar

RESUMEN DE LECCIÓN

La lección de hoy explora otra forma de organización que a menudo se usa para construir un trabajo: comparación y contraste.

LA MAYOR PARTE del tiempo pasamos comparando y contrastando cosas. Por ejemplo, cuando queremos explicar algo, generalmente usamos *comparación* (demostrar como dos o más cosas son *semejantes*). De esta manera podemos decir que el helado de menta y chocolate tiene exactamente el sabor de una galleta de menta y chocolate o que el nuevo gerente se parece mucho al actor Clint Eastwood. Cuando queremos demostrar que dos cosas difieren o no se parecen, las *contrastamos*. Por ejemplo, podemos decir que las galletas de menta y chocolate saben más a menta que el helado de menta y chocolate, o que si bien el nuevo gerente se parezca a Clint Eastwood, no tiene los ojos del actor.

► Como funcionan la comparación y el contraste

Lo que los escritores hacen cuando comparan y contrastan es proveer una forma de clasificación y evaluación de los objetos. Ellos demuestran cómo dos o mas cosas son diferentes o semejantes una al lado de otra. Considere, por ejemplo, el párrafo siguiente. Léalo cuidadosamente y responda a las preguntas que siguen. Las respuestas están después de las preguntas.

> Being a secretary is a lot like being a parent. After a while, your boss becomes dependent on you, just as a child is dependent on his or her mother or father. Like a child who must ask permission before going out, you'll find your boss coming to you for permission, too. "Can I have a meeting on Tuesday at 3:30?" you might be asked, because you're the one who keeps track of your boss's schedule. You will also find yourself cleaning up after your boss a lot, especially at the end of the day, putting papers away in the same way a parent tucks away toys and clothes. A parent protects his or her children from outside dangers; likewise, you too will find yourself protecting your boss from certain "dangers"—unwanted callers, angry clients, upset subordinates. However, a parent's responsibility for his or her child lessens with the years as the child learns to do more and more on his or her own. A secretary's responsibilities for his or her boss only grow more and more with each year.

Encontrar los hechos

1. What two things are being compared and contrasted here?

2. In what ways are these two things similar? (There are four similarities; list them all.)

   a.

   b.

   c.

   d.

3. In what ways are these two things different? (There is one aspect that is different; write it below.)

Respuestas

1. Las dos cosas que aquí se comparan y se contrastar son el padre de una familia y una secretaria.

2. Las secretarias se parecen a los padres en el sentido de que: **a**) bosses are dependent on secretaries as children are on parents; **b**) bosses seek permission from their secretaries as children do from their parents; **c**) secretaries clean up after their bosses, as parents do after children; and **d**) secretaries protect their bosses, as parents protect their children.

3. Las secretarias no se parecen a los padres por el hecho de que a medida que pasan los años las responsabilidades con su jefe incrementan en vez de disminuir.

Encontrar la idea principal

Ahora que acaba de terminar de responder a las preguntas, considere una más. Repase el párrafo anterior y conteste la pregunta siguiente:

4. What is the main idea of this passage?

¿Se dio cuenta de que, "Being a secretary is a lot like being a parent," es la oración temática que expone la idea principal del párrafo? El párrafo sí menciona la diferencia entre estos dos papeles, pero la oración temática no afirma que las secretarias se parecen exactamente a los padres. Al contrario, sostiene que son un tanto semejantes.

Elementos de transición

A medida que usted lee el párrafo sobre secretarias y madres, ¿se da cuenta de las palabras y frases transicionales que le demuestran cuando el autor está comparando (mostrando similitudes) y cuando el mismo está contrastando (mostrando diferencias)? Lea una vez más el mismo párrafo, pero esta vez subraye las palabras y frases transicionales que encuentre.

Being a secretary is a lot like being a parent. After a while, your boss becomes dependent on you, just as a child is dependent on his or her mother or father. Like a child who must ask permission before going out, you'll find your boss coming to you for permission, too. "Can I have a meeting on Tuesday at 3:30?" you might be asked, because you're the one who keeps track of your boss's schedule. You will also find yourself cleaning up after your boss a lot, especially at the end of the day, putting papers away in the same way a parent tucks away toys and clothes. A parent protects his or her children from outside dangers; likewise, you too will find yourself protecting your boss from certain "dangers"—unwanted callers, angry clients, upset subordinates. However, a parent's responsibility for his or her child lessens with the years as the child learns to do more and more on his or her own. A secretary's responsibilities for his or her boss only grow more and more with each year.

Los escritores usan muchas palabras y frases de transición para matizar la comparación y contraste. En el párrafo leído, debería haber subrayado las palabras siguientes: *just as*, *like*, *in the same way*, *likewise*, and *however*. A continuación, hay una lista más completa de palabras y oraciones de transición.

Ésta es una lista de palabras y frases que denotan igualdad o similitud:

similarly	in the same way
likewise	in a like manner
like	and
just as	also

Éstas son palabras y frases que denotan diferencia:

but	yet
on the other hand	on the contrary
however	nevertheless
conversely	whereas

Estructura

Lea más minuciosamente el párrafo anterior y examine sus estructura. ¿Cómo está organizado este párrafo?

Primero, note que el párrafo comienza con una oración temática que hace la primera comparación: las secretarias y los padres se parecen. Luego, el párrafo indica cuatro maneras que apoyan esta idea:

1. Bosses become dependent upon secretaries as children do on parents.

2. Bosses seek permission from their secretaries as children do from parents.

3. Secretaries clean up after their bosses as parents do after children.

4. Secretaries protect bosses from "dangers" as parents protect children.

Finalmente, después de definir estas similitudes, el párrafo termina al apuntar una diferencía importante entre los padres y las secretarias:

1. A secretary's responsibility for his or her boss increases with time, whereas a parent's lessens.

Quizás usted haya podido notar algo en la medida en que este párrafo está organizado. ¿Se dio cuenta de que cada vez que el párrafo menciona algo sobre el papel de los padres, también menciona algo con referencia a la secretaria? Cada aspecto que se discute en relación al papel de los padres es seguido por una comparación con el papel de la secretaria. Por consiguiente, para cada aspecto de "A" (los padres), el párrafo provee un aspecto comparable en "B" (la secretaria) para poder comparar y contrastarlos. Entonces, el párrafo está construido de la manera siguiente: ABABABABAB.

Esto se llama el método de comparación y contraste punto-por-punto. Cada aspecto de A que se discute es inmediatamente pareado con un aspecto de B (ser dependiente, obtener el permiso, limpiar, protejer y depender).

Por otro lado, algunos autores prefieren trabajar primero con todos los aspectos de A y luego con los de B. Esto se llama el método de comparación y contraste de grupo, y se define como AAAAABBBBB. Este es un ejemplo del mismo párrafo organizado de esta manera:

Being a secretary is a lot like being a parent. Children are dependent on their parents, and they must seek permission from their parents to do certain things. Parents spend a lot of time cleaning up after their children, particularly putting away toys and clothes. And parents also protect their children from outside dangers. A parent's responsibility for his or her child, however, lessens with time as the child becomes more independent.

Like parents, secretaries often find their bosses become dependent on them. Like children, bosses come to their secretary for permission for certain things. "Can I have a meeting on Tuesday at 3:30?" a boss might ask, because the secretary keeps the boss's schedule. Secretaries also find themselves cleaning up after their bosses at the end of the day. Like parents, secretaries also often protect their bosses from outside "dangers" such as unwanted callers, angry clients, and upset subordinates. However, unlike parents, secretaries will find that their responsibility for their boss grows more and more each year.

Aquí, el párrafo trata cada uno de sus componentes comparados y contrastados de una manera independiente: primero, todos los aspectos de los padres y luego todos los aspectos de las secretarias. La organización es muy diferente.

Entonces, usted tiene que darse cuenta de algo que es igual en ambos pasajes: se comparan y se contrastan aspectos de A y B que son paralelos. Cuando un aspecto de A es discutido, el mismo aspecto de B (ya sea similar o diferente de A) tiene que ser también discutido. La correspondencia entre estas partes es esencial para el uso de la técnica de comparación y contraste. Vea lo que pasa, por ejemplo, cuando el autor no discute partes correspondientes:

Being a secretary is a lot like being a parent. Parents must bathe, clothe, and feed their children. Parents must also create and maintain guidelines for acceptable behavior for children. And parents must see to it that their children get a proper education.

Secretaries manage their boss's schedule and files. They will often make travel and meeting arrangements for their boss as well. And secretaries will often serve as a protective barrier between their boss and other people.

Es obvio que este pasaje parece enfocarse en las diferencias entre padres y secretarias en lugar de enfocarse en las similitudes. ¿Pero es un buen contraste? Observe los aspectos de A (padres) que se describen aquí. ¿Tienen alguna relación con los aspectos de B (secretaria)? No. Un pasaje de comparación y contraste no puede ser exitoso a no ser que los aspectos de A y B sean comparables. Los dos párrafos anteriores no parecen tener sentido alguno—no hay ninguna base para establecer una comparación entre padres y secretaria.

Práctica

Va a escribir un párrafo que compara y contrasta detectives y lectores. Hay cinco aspectos sobre ambos enumerados a continuación. Solamente tres aspectos de cada lista son comparables. Encuentre esos tres aspectos y trate de conectarlos con aquéllos de la otra lista que sean semejantes. Recuerde que estos aspectos pueden ser similitudes o diferencias. Lo importante es que sean elementos comparables.

A reader:

1. looks for clues to meaning.

2. has many different types of books to read.

3. can choose what book to read.

4. builds vocabulary by reading.

5. becomes a better reader with each book.

A detective:

1. has a dangerous job.

2. gets better at solving crimes with each case.

3. requires lots of training.

4. doesn't get to choose which cases to work on.

5. looks for clues to solve the crime.

¿Son comparables? ¿Apareó el lector 1 con el detective 5 (similaridad)?, ¿el lector 3 con el detective 4 (diferencia)? y ¿el lector 5 con el detective 2 (similaridad)? Si así lo hizo, buen trabajo.

La información que obtuvo se ve de esta manera en un párrafo.

In many ways, readers are a lot like detectives. Like detectives looking for clues at the scene of the crime, readers look for clues to meaning in the books that they read. And, like detectives who get better and better at solving crimes with each case, readers get better and better at understanding what they read with each book. Unfortunately for detectives, however, they cannot choose which cases they get to work on, whereas readers have the pleasure of choosing which books they'd like to read.

▶ ¿Por qué comparar y contrastar?

Además de seguir la estructura de ABABAB o AAABBB, pasajes de comparación y contraste tienen que tener sentido. Hay una razón por la cual estas dos

APRENDA RÁPIDO: LECTURA/READING

cosas se comparan y se contrastan; hay algo que el autor está tratando de señalar al poner estas dos cosas lado a lado para analizarlas.

La idea principal del primer párrafo que leyó hoy era "Being a secretary is a lot like being a parent." En este párrafo aprendió que el autor ve una similitud importante entre estos dos papeles. De la misma manera, en el párrafo anterior, puede ver una similitud importante entre lectores y detectives.

En ambos casos, quizás nunca haya pensado en hacer esas comparaciones. Esto es una ventaja principal de esta organizacíon. Muchas veces permite que uno vea las cosas de una manera nueva y más interesante.

Técnicas adquiridas

- Mientras pasa el día, compare y contraste cosas y situaciones a su alrededor. Por ejemplo, compare y contraste su trabajo actual con el anterior. ¿Son iguales o diferentes? Asegure que las cosas que analiza sean comparables. Por ejemplo, podría de comparar salarios, responsabilidades y los beneficios de ambos.
- A medida que hace estas comparaciones, o si usted nota pasajes que puedan ser comparados y contrastados cuando lee, practique arreglarlos en los órdenes estudiados; punto por punto (ABABAB) y/o de grupo (AAAABBBBB).

9 ▶ ¿Por qué sucedió? Una ojeada a "causa y efecto"

RESUMEN DE LECCIÓN

"Una cosa sigue a la otra"—es el principio detrás del principio de causa y efecto. El entendimiento de causa y efecto, y la relación entre ambos, le ayudará a ser un mejor lector.

E L FAMOSO CIENTÍFICO Isaac Newton dijo que "para cada acción existe una reacción proporcionalmente igual." Cada acción resulta en otra acción (la reacción); o para cada acción hay un efecto producido por la acción. Del mismo modo, cada acción ha sido producida por una acción anterior. En otras palabras, cada acción tiene una causa—algo que hizo que pasara—y cada acción tiene un efecto—algo que hace pasar.

- **Causa:** una persona o cosa que hace que algo pase o produce un efecto.
- **Efecto:** un cambio producido por una acción o causa.

La mayor parte de lo que lee es un intento de explicar la causa de una acción o de explicar sus efectos. Por ejemplo, un autor puede tratar de explicar las causas de la Segunda Guerra Mundial o los efectos de las pruebas nucleares submarinas; la razón por cambiar las reglas de trabajo o el efecto de un sistema de computadoras en las operaciones de la oficina. Veamos, pues, la manera en que los escritores al enfrentarse con causa y efecto llegan a ordenar sus ideas.

▶ Distinción entre causa y efecto

Un pasaje que examina la causa de algo generalmente contesta a la pregunta de por qué algo tu vo lugar: ¿Por qué la compañía fue re-estructurada?, ¿Quién o qué hizo que pasara? Un pasaje que examina el efecto generalmente contesta la pregunta ¿qué pasó? después de que algo haya tenido lugar: ¿qué pasó como resultado de la re-estructuración? ¿Cómo afectó a toda la companía?

Práctica

Para ayudarle a distinguir entre causa y efecto, revise cuidadosamente las oraciones que siguen. Usted se dará cuenta de que causa y efecto trabajan juntos; no se puede tener el uno y prescindir del otro. Determine la causa y el efecto de las oraciones siguientes:

> **Example:** Robin got demoted when he talked back to the boss.
> **Cause:** Robin talked back to the boss.
> **Effect:** Robin got demoted.

1. Inflation has caused us to raise our prices.
   Cause:

   Effect:

2. Since we hired Joan, the office has been running smoothly
   Cause:

   Effect:

3. He realized that his car had stopped not because it needed repair but because it ran out of gas.
   Cause:

   Effect:

4. The company's budget crisis was created by overspending.
   Cause:

   Effect:

5. As a result of our new marketing program, sales have doubled.
   Cause:

   Effect:

Respuestas

1. **Cause:** *Inflation*
   Effect: *We had to raise our prices.*
2. **Cause:** *We hired Joan.*
   Effect: *Our office has been running smoothly.*
3. **Cause:** *The car ran out of gas.*
   Effect: *The car stopped.*
4. **Cause:** *Overspending*
   Effect: *Budget crisis*
5. **Cause:** *The new marketing program*
   Effect: *Sales have doubled.*

Para responder a las preguntas en este ejercicio, es probable que se guiara de ciertas palabras y frases que indican una causa o un efecto. A continuación, hay una lista parcial de esas palabras.

Palabras que indican causa

because (of)	created (by)
since	caused (by)

Palabras que indican efecto

since	therefore
hence	consequently
so	as a result

Cuando causa y efecto están relacionados

Note cómo las palabras de las listas anteriores se usan en el párrafo siguiente. Subraye estas palabras a medida que las encuentre.

Ed became a mechanic largely because of his father. His father was always in the garage working on one car or another, so young Ed would spend hours watching his father work. As a result, he became fascinated by cars at an early age. His father encouraged him to learn about cars on his own, so Ed began tinkering with cars himself at age eight. Consequently, by the time he was 13, Ed could tear an engine apart and put it back together by himself. Because he was already so skilled, when he was 15 he got a job as the chief mechanic at a local repair shop. He has been there ever since.

Usted debería de haber subrayado las siguientes frases y palabras del párrafo anterior: *because of, so* (dos veces), *as a result, consequently* y *since*.

Note que el propósito de este párrafo—el explicar por qué Ed llegó a ser mecánico—aparece en la oración temática: "Ed became a mechanic largely because of his father." El propósito de este párrafo es explicar la causa, y la causa primordial, en este caso, es el padre de Ed.

De todas maneras, note que algunas oraciones de este párrafo también tienen algo que ver con el efecto. Al principio esto puede verse como una contradicción. Después de todo, ¿por qué un párrafo que trata de la causa tiene que preocuparse también del efecto? Pero no es una contradicción. Eso se debe a que Ed tenía muchos motivos para llegar a ser mecánico. Pese a que el padre de Ed haya sido la causa

inicial, hay todavía una serie de acciones y reacciones que se llevaron a cabo—una serie de causas y efectos. Una vez que A causa B, B llega a ser la causa de C.

A propósito, hay seis grupos diferentes de causas y efectos incluídos en este párrafo. ¿Cuáles son? Se da la primera causa para que usted pueda continuar.

Cause 1: Ed's father was always in the garage.

Effect 1:

Cause 2:

Effect 2:

Cause 3:

Effect 3:

Cause 4:

Effect 4:

Cause 5:

Effect 5:

Cause 6:

Effect 6:

Respuestas

Cause 1: Ed's father was always in the garage.
Effect 1: Ed would spend hours watching.

Cause 2: Ed would spend hours watching.
Effect 2: Ed became fascinated by cars.

Cause 3: Ed became fascinated by cars.
Effect 3: Ed's father encouraged him.

Cause 4: Ed's father encouraged him.
Effect 4: Ed began tinkering with cars.

Cause 5: Ed began tinkering with cars.
Effect 5: Ed could tear an engine apart by himself.

Cause 6: Ed could tear an engine apart by himself.
Effect 6: He got a job as the chief mechanic.

Cuando una causa tiene varios efectos

Muchos cosas pueden pasar como resultado de una sola acción. En este pasaje, el autor describe la experiencia de ganar la lotería:

> The past week since I won the lottery has been hectic. Once the news came in, I decided to take Tuesday off from work. I might even quit my job—at least, I've considered it. Several talk shows have been trying to get me on the air, and of course all my family members have been calling to offer congratulations. A couple of my cousins asked to borrow some money, but you could say that just comes with the territory.

De acuerdo con el párrafo anterior, ¿cuáles fueron los efectos de haber ganado la lotería?

1.

2.

3.

4.

5.

Respuestas

1. The lottery winner took Tuesday off from work.
2. He considered quitting his job.
3. Talk shows expressed interest in getting him on TV.
4. Family members called in congratulation.
5. Cousins asked for loans.

Cuando un efecto tiene varias causas

Una acción también puede surgir de un conjunto de causas. El siguiente memorándum es un buen ejemplo.

> TO: Brian Hughes
> FROM: Management
> This memorandum is to inform you of your promotion to Associate Manager of Publicity. Congratulations on this new position, which will represent a 20 percent salary increase. We have made this decision on the strength of several reasons. You have done an exceptional job of building morale among your direct reports, first of all, who are among our company's best-prepared employees. You have shown a clear knack for market forecasting, which has resulted in several big sales so far this quarter. At meetings, you consistently contribute enlightening and clever comments

that benefit everyone present. Last but not least, your technical skills are second to none, and we value this sort of proficiency among our upper-level managers. We look forward to working with you in this new capacity.

¿Por qué promocionaron a Brian? Enumera las causas abajo:

1.

2.

3.

4.

Respuestas

Debe de haber notado cuatro causas:

1. morale-building among direct reports
2. knack for predicting market behavior
3. interesting and useful comments at meetings
4. advanced knowledge of technology

Contribución versus causa suficiente

En el ejemplo anterior, cada una de las causas fue una causa contribuyente. Una causa *contribuyente* es aquélla que ayuda a hacer que pase algo pero que no puede hacer que algo pase por su propia cuenta. Solamente un factor es el que contribuye a la causa.

Al otro extremo está la causa *suficiente*. Una causa suficiente es un evento que, por sí mismo, es suficientemente fuerte para hacer que el evento tenga lugar. Causa suficiente se demuestra en el ejemplo que sigue.

Dear Mr. X:

We have recently learned that you have breached our Confidentiality Agreement. When you joined our company, you agreed not to reveal any of our company secrets to the competition. You also agreed that if you were found in violation of this agreement, your employment would be terminated. Consequently, we hereby terminate your employment, effective immediately. Please see Myra in Payroll for your final paycheck.

Se puede observar que hay solamente una razón clara por la cual Mr. X será despedido: He breached the Confidentiality Agreement. (Si no sabe lo que significa *breach*, trate de deducirlo a través del contenido.)

▶ Evaluando opiniones sobre causa y efecto

Algunas veces en un párrafo de causa y efecto, un autor ofrece su opinión en lugar de hechos sobre la causa y el efecto. En ese caso, los lectores tienen que evaluar la validez del análisis del autor. ¿Son lógicas las ideas del autor? ¿Apoya las conclusiones a las que llega? Por ejemplo, considere las opiniones de dos autores acerca del cómo un reglamento en contra del fumar afectaría sus oficinas.

Parráfo A

A no-smoking policy would be disastrous. Over one-third of our employees smoke an average of three-quarters of a pack each per day. Since they will no longer be allowed to smoke in the office, they will need to take longer breaks (since they must now leave the building in order to smoke). As a result, they will be less productive. In addition, because their breaks must be longer, they must take fewer breaks and only at certain times in the day when they are able to get away for longer periods of time. Consequently, there will be long stretches of time between cigarettes for them, so many of these employees will be extremely irritable. This irritability will inevitably affect their coworkers. Furthermore, many long-term smokers will quit their jobs rather than put up with this irritability. They will simply find another company that will let them smoke at work.

Parráfo B

A no-smoking policy will be a tremendous benefit to all of our employees. If smoking is eliminated in the office, all employees will be able to breathe air free from any second-hand smoke while at work. Furthermore, our clean air won't drive out any potential clients or employees who are irritated by smoke. In addition, those who do smoke may find it easier to quit or at least reduce the number of cigarettes they smoke during the day because cigarette breaks will not be as accessible. Also, employees will be more productive since they won't be able to take such frequent cigarette breaks. Finally, we will be able to reduce the cost of our health-care benefits once our office officially becomes a no-smoking environment. This will save every employee money.

What effects does author A think a no-smoking policy would have?

1.

2.

3.

4.

5.

What effects does author B think a no-smoking policy would have?

1.

2.

3.

4.

5.

Usted se podrá dar cuenta que ambos autores usan una causa—un reglamento en contra del fumar—y ofrecen varios efectos posibles. Muchas veces, los autores usan la estructura de causa y efecto para hacer argumentos como los que acabamos de ver: uno en contra y otro a favor del reglamento. Queda en manos del lector el determinar cuál de los argumentos podría ser el más válido.

▶ Resumen

El entender causa y efecto es una habilidad importante no sólo para la lectura y comprensión, sino también para su vida diaria. Para analizar los eventos que pasan alrededor, tiene que entender por qué pasaron y qué los causó. De la misma manera, para poder hacer decisiones o evaluar las de otros, necesita poder pensar en los efectos de una decisión posible. El "leer" no sólo textos, sino también eventos y situaciones, requiere que usted entienda causa y efecto.

Técnicas adquiridas

- Mientras trabaja hoy, considere los efectos de algún cambio reciente en su oficina, como, por ejemplo, un nuevo equipo que ha sido recientemente instalado, un nuevo sistema o procedimiento que se está implementando, un nuevo gerente o empleado. ¿Cómo afectan estos cambios su lugar de trabajo?, o ¿su función en particular? Usted también puede predecir los efectos de los cambios que vienen. Por ejemplo, ¿cómo afectarán la compañía los próximos despidos?

- Considere cada evento, ya sea en casa o en el trabajo. ¿Qué ha podido causarlos? Por ejemplo, si un compañero de trabajo acaba de recibir una promoción, piense en qué hizo para obtenerla. O asimismo, si uno de sus niños tiene problemas en las escuela, ¿cuál será la causa del problema?

10 ▶ Trabajar con la estructura: ponerlo todo en práctica

RESUMEN DE LECCIÓN

La lección de hoy agrupa todo lo que ha aprendido en las Lecciones 6–9 y ofrece más práctica en distinguir la estructura de un pasaje.

AL IGUAL QUE UN ARQUITECTO que diseña edificios, un escritor tiene que tener una guía—un plan para envisionar como va a organizar un pasaje. Hasta ahora hemos visto en esta lección varias maneras de organizar información e ideas:

- **Lección 6: Orden cronológico.** Las ideas se organizan conforme al orden en que ocurren (o al orden en que deberían ocurrir).
- **Lección 7: Orden de importancia.** Las ideas se organizan en orden de importancia creciente (de las menos a las más importantes), o en orden de importancia decreciente (de las más a las menos importantes).
- **Lección 8: Comparación y contraste.** Las ideas se organizan de manera que algunas partes de A y B se comparen y se contrasten, ya sea de forma agrupada (AAAABBBB) o de estilo punto por punto (ABABABAB).
- **Lección 9: Causa y efecto.** Las ideas se organizan de manera que los lectores puedan ver qué evento o serie de eventos causó algo que se llevó a cabo o qué efecto tuvo una serie de eventos.

Si algunos de los términos o estrategias de la página anterior le parecen extraños, PARE AQUÍ. Tome unos minutos para repasar la lección que no esté clara.

▶ Práctica

A pesar de que a menudo los escritores se basan en estructuras especiales para organizar sus ideas, en muchos casos usan quizás una combinación de estas estructuras. Por ejemplo, un escritor quiere hacer una comparación entre la Primera y Segunda Guerras Mundiales, describir en orden cronológico los eventos que causaron las fallas del sistema de computadores. Por consiguiente, hoy observaremos maneras de combinar estas estrategias. También continuaremos a fortalecer su habilidad de lectura al incluir estrategias aprendidas desde la primera semana:

- Definir los hechos
- Determinar la idea principal
- Definir palabras de vocabulario de acuerdo al contexto
- Distinguir entre hecho y opinión

Pasaje de práctica 1

Comience con el siguiente pasaje. Léalo con cuidado y márquelo. Contesta las preguntas que siguen.

There are several reasons why Brad's family is in financial trouble these days. The problems started with, and probably all stem from, his dad's loss of his job in February. That instantly hit home, and the whole family had to start being very parsimonious, saving every penny they could. Things got worse, though, when his sister Helen got pneumonia. The medical bills added up, since she was in the hospital for a full month. Halfway through, she got fired from her part-time job at the restaurant, so what little cash she had been contributing to the family suddenly vanished without a trace. Now, Brad's mother has been working more hours, but that has caused problems of its own: She's constantly tired, irritable, and sometimes sick. Things are hard at Brad's house right now, but with spring on the way, they remain hopeful.

1. Which two organizational strategies does the author use?
   a. chronological order
   b. order of importance
   c. compare and contrast
   d. cause and effect

2. *Parsimonious* means
   a. sad; depressed
   b. nervous; unsure
   c. careful about spending; thrifty
   d. difficult; not easy

3. What started the financial trouble for Brad's family?

4. What happened as a result of the initial cause?
   a.
   b.
   c.
   d.
   e.
   f.

Respuestas

1. a, d. Los sucesos se narran en el orden en que tomaron lugar, y se hace claro cada conexión entre ellos.

2. c. En este contexto, *parsimonious* tiene que ver con la práctica de no malgastar dinero.

3. Todos los problemas surgen del momento en que el padre de Brad perdió su trabajo.

4. After Brad's father lost his job, events took place in this order:

   a. The family had to start saving money.

   b. His sister Helen got pneumonia.

   c. The family missed the money she would have contributed.

   d. Helen lost her part-time job.

   e. Brad's mother started working longer.

   f. Brad's mother began to be tired, irritable, and sick.

¿Cómo fue? ¿Pudo notar cada una de las causas que conducen a un efecto, y como causó que pasara algo más (otro efecto)? Si usted no acertó a las preguntas, vea cómo se deberían de contestar:

SI NO ACERTÓ A:	ESTUDIE:
Pregunta 1	Lecciones 6 y 9
Pregunta 2	Lección 3
Pregunta 3	Lección 9
Pregunta 4	Lección 9

Pasaje de práctica 2

Trate el pasaje siguiente. De nuevo, léalo cuidadosamente, marcándo lo a medida que lea, y luego conteste las preguntas que siguen.

There are several changes in the procedure for employees who wish to apply for vacant positions within the company. These changes make it much easier for in-house employees to fill vacancies that occur within the company.

First, the most important difference is that employees will now be notified of all available positions *before* the positions are advertised for the general public. Accordingly, all in-house candidates will be interviewed before we see any outside candidates, and we will offer the job to outside candidates only if no current employees are able to fill the position.

Second, under the new procedure in-house employees can be hired even if they don't meet all job requirements. Under our old policy, in-house employees had to meet all job qualifications in order to obtain the vacant position. Now, however, employees who have proven themselves dedicated to the coompany will be hired for a vacant position even if they are lacking some minor qualifications; training will be provided.

A third change involves recommendations. From now on, employees do not need to be recommended for an in-house position before they apply. Instead, employees may apply as soon as they are aware of the vacancy. The remaining procedures and policies (those regarding increase in pay, interview procedure, and hiring approval) remain the same.

5. Which two organizational strategies does this writer use?

   a. chronological order

   b. order of importance

   c. compare and contrast

   d. cause and effect

6. The author organizes the ideas in order of
    a. decreasing importance (most important to least important).
    b. increasing importance (least important to most important).

7. Underline the sentence in this passage that expresses the main idea.

8. The sentence you underlined is
    a. fact.
    b. opinion.

Respuestas

5. b, c. El autor usa el orden de importancia para comparar el antiguo con el nuevo procedimiento.

6. a. El autor organiza sus ideas en orden de mayor a menor importancia. Comienza con el cambio más importante ("First, the most important difference is . . .") y continúa con el segundo y el tercero.

7. The sentence that expresses the main idea of all four paragraphs is the second sentence in the first paragraph: "These changes make it much easier for in-house employees to fill vacancies." Although the first sentence tells us what all the paragraphs will be about (the changes in the procedure), it is the second sentence that expresses an opinion—how the author feels about this subject—and therefore it is the main idea.

8. b. This sentence expresses an opinion, not a fact. There have indeed been changes—that is a fact—but whether those changes make things easier for most employees is debatable. There may be some things about the old procedure that we don't know. Perhaps, for example, they opened the job to both in-house employees and the general public at the same time, but they interviewed all in-house employees first anyway. Because of our limited information about the old procedure, we cannot accept the idea that the change is better as fact.

Pasaje de práctica 3

Ahora es su turno. En este ejercicio, comience con un párrafo organizado de una manera—de acuerdo a cause y efecto—y añada otra estructura: orden de importancia.

Esto es lo que tiene que hacer: Vuelva a leer los dos pasajes sobre el efecto de una regulación en contra del fumar. Decida con qué autor está más de acuerdo, y después observe los efectos que el autor predice. ¿Qué efecto cree usted el más importante? ¿Cúal es el menos importante? Organice estos efectos en orden de importancia y luego decida si quiere comenzar con la idea más imporante y terminar con la menos importante o viceversa. Finalmente, póngalo todo por escrito en un párrafo en el espacio provisto.

Párrafo A

A no-smoking policy would be disastrous. Over one-third of our employees smoke an average of three-quarters of a pack per day. If they will no longer be allowed to smoke in the office, they will need to take longer breaks (because they must now leave the building in order to smoke). As a result, they will be less productive. In addition, because their breaks must be longer, they must take fewer breaks and only at certain times in the day when they are able to get away for longer periods of time. Consequently, there will be long stretches of time between cigarettes for them, so many of these employees will be extremely irritable. This irritability will inevitably affect their coworkers. Furthermore, many long-term smokers will simply quit their jobs rather than put up with this irritability. They will simply find another company that will let them smoke at work.

Parráfo B

A no-smoking policy would be a tremendous benefit to all of our employees. If smoking is eliminated in the office, all employees will be able to breathe air free from any second-hand smoke while at work. Futhermore, our clean air won't drive out any potential clients or

employees who are irritated by smoke. In addition, those who do smoke may find it easier to quit or at least reduce the number of cigarettes they smoke during the day because cigarette breaks will not be as accessible. Also, employees will be more productive, because they won't be able to take such frequent cigarette breaks. Finally, we will be able to reduce the cost of our healthcare benefits once our office officially becomes a no-smoking environment. This will save every employee money.

9. Rank the ideas of the paragraph you have chosen in order of their importance to you.

10. Now write a paragraph, choosing whether to put the ideas in the order of increasing importance or decreasing importance.

Técnicas adquiridas

- Lea de nuevo los pasajes de las Lecciones 1–5. ¿Qué estructuras funcionan mejor en estos párrafos?
- A medida que usted lea (y escriba) durante los próximos díaz, esté atento a las estructuras que encuentre en cada párrafo. Trate de identificar las estrategias del autor, y trate de usar una variedad de estrategias en lo que escriba usted.

Lenguaje y estilo ▶

En la mayoría de los párrafos que ha leído hasta ahora, las intenciones e ideas del autor han estado bastante claras. Pero ¿qué pasa cuando no lo están? ¿Qué pasa si el autor no provee una oración temática que exprese claramente la idea principal? O ¿qué pasa si el autor ha escrito un poema en lugar de un memorándum claro y conciso? ¿Cómo puede saber lo que el autor le está tratando de decir?

Las buenas noticias son que no importa cuán complicado sea un pasaje de lectura; el autor siempre está dejando huellas y pistas para ayudar al lector a deducir lo que pretende comunicar. Estas huellas o pistas se pueden encontrar en el propio **lenguaje** y **estilo** del autor—las palabras que usa el autor y el tipo de oraciones en que las usa. Las cuatro próximas lecciones se enfocan en cuatro diferentes aspectos del lenguaje y estilo:

- Punto de vista
- Dicción
- Estilo
- Tono

Aprenderá como los autores usan estos elementos para crear mensajes que tienen sentido para los lectores. Después, en la Lección 15, usted pondrá en práctica todo lo aprendido sobre cómo funcionan juntos: lenguaje, estilo, estructura y significado.

Punto de vista

RESUMEN DE LECCIÓN

Esta lección introducirá el concepto de "punto de vista," una estrategia más que los autores usan para comunicar ideas a los lectores. Los aspectos como por ejemplo el uso subjetivo del "yo" o el objetivo "uno," el referirse a los lectores con el familiar "tú" o el impersonal "ellos," influyen en la manera en que los lectores entienden lo que el autor ha escrito.

MAGÍNESE LO SIGUIENTE: Usted está caminando por la tarde en una calle con árboles en las veredas. Un poco más allá, una mujer está sentada en un banco y un perro se encuentra echado a la sombra de sus pies. Usted los mira y al pasar asiente con la cabeza para saludarla.

Ahora imagínese esta otra situación: Usted es ese perro. Usted está sentado a la sombra a los pies de su ama. De repente, alguien se acerca caminando hasta donde usted se encuentra. Si usted levanta la cabeza, usted puede ver que al pasar esa persona asiente con la cabeza saludando.

A pesar de que usted acaba de imaginarse la misma situación—una persona caminando y pasando enfrente de una mujer con un perro—usted realmente se ha imaginado dos escenas diferentes de la misma situación. La situación representada se ve muy diferente desde el punto de vista del perro y del caminante.

Este cambio de perspectiva sucede al escribir cuando se cambia el punto de vista. El punto de vista es lo primero que los autores eligen cuando van a comenzar a escribir, puesto que es el punto de vista el que determina la voz que habla al lector.

El punto de vista es la persona o perspectiva a través de la cual el autor canaliza su información y sus ideas. De la misma manera en que uno puede ver un mismo objeto de diferentes posiciones o ángulos (desde arriba, abajo, atrás, al lado, etc.), uno también puede ver ideas e información desde diferentes perspectivas (la mía, la de él o de ella, del professor, del país, etc.).

▶ Tres clases de punto de vista

Cuando llega la hora de expresar nuestras ideas, los autores pueden usar tres tipos de métodos:

- **Punto de vista de la primera persona** es un punto de vista muy individualizado ya que el escritor o narrador habla al lector sobre sus propios sentimientos y experiencias de una manera directa usando los pronombres *I, me, mine*; *we, our, us.*
- **Punto de vista de la segunda persona** es otro punto de vista personal en que el escritor habla directamente al lector dirigiéndose a éste como *you.*
- **Punto de vista de la tercera persona** es un punto de vista impersonal y objetivo en que la perspectiva es de un extraño (una tercera persona) que no está directamente envuelto en la acción. No existe referencia directa ni al lector (segunda persona) ni al escritor (primera persona). El escritor elige de la lista de pronombres: *he, him, his*; *she, her, hers*; *it, its*; y *they, them, theirs.*

Todos estos puntos de vista están disponibles para un autor, pero no todos pueden ser apropiados para lo que quiera escribir—y solamente uno de ellos creará el efecto más exacto deseado por el autor. Eso se debe a que cada acercamiento establece una relación particular entre el lector y el escritor.

▶ Cuando los autores usan la primera persona

Imagínese que usted recibe los mensajes siguientes de la oficina principal donde trabaja:

A. The company congratulates you on the birth of your child.

B. We congratulate you on the birth of your child.

¿Que mensaje le gustaría recibir?

A la mayoría de nosotros, nos gustaría probablemente recibir el mensaje B en lugar de A. ¿Por qué? ¿Cúal es la diferencia entre estos dos mensajes? Ambos mensajes usan el punto de vista de la segunda persona, ¿no es cierto? Ambos se dirigen al lector como "you." Pero como habrá podido notar, los autores de las notas eligieron puntos de vistas diferentes para identificarse. El mensaje A us el punto de vista de una tercera persona ("the company) mientras que el mensaje B usa el pronombre personal de la primera persona en plural ("we"). Como resultado, el mensaje B parece más sincero porque viene de una persona hacia otra y no de "the company" (una cosa) hacia una persona (you).

Los mensajes anteriores no sólo felicitan al lector, sino también parecen indicar algo de la manera en que la gente en la oficina principal quiere ser percibida: como gente ("we") o como una entidad ("the company"). Lea los mensajes de nuevo y decida cómo es que cada escritor del mensaje quiere ser percibido.

¿Qué mensaje parece decir al lector, "We can speak directly to you because we are real people behind this company"?

Mensaje _____

¿Qué mensaje parece decir al lector, "We have a very formal relationship; let's not get too personal"?

Mensaje _____

La compañía que envía el mensaje A sugiere al lector que "We have a very formal relationship; let's not get too personal." El mensaje B, por otro lado, dice al lector algo parecido a esto: "We can speak directly to you because we are real people behind this company." Por consiguiente, el punto de vista refleja la manera en la cual el remitente del mensaje quiere ser percibido—como una entidad distante (mensaje A) o como unos colegas amistosos (mensaje B).

Distancia versus intimidad

Ya sea que los autores se propongan o no (pese a que siempre se lo propongan), el punto de vista de la tercera persona establece cierta distancia entre el escritor y el lector. En esa forma, no hay contacto directo de persona a persona (*me to you*). En lugar de oso, con el punto de vista de la tercera persona, alguien o algo se dirige o habla al lector.

Por otra parte, el punto de vista de la primera persona establece cierta intimidad entre el escritor y el lector. El escritor usa *I*, *my*, *mine*, *we*, *our* o *us* como si estuviera expresando sus propios sentimientos o ideas directamente al lector. "We congratulate you" hace del mensaje B más personal que el mensaje A, en que "the company" lo felicita a uno.

- Punto de vista de la primera persona establece intimidad. El escritor quiere estar cerca del lector.
- Punto de vista de la tercera persona establece distancia. El escritor quiere distanciarse del lector.

▶ Cuando los escritores usan la tercera persona

En el ambiente de los negocios, no es siempre práctico ser personal. Pese a que el punto de vista de la primera persona haga sentir al lector cerca del autor, este punto de vista implica cierta subjetividad. Es decir, el autor expresa un punto de vista muy personal y desde una perspectiva muy propia.

Subjetividad versus objetividad

No hay nada malo en expresar puntos de vista personales, pero en el mundo de los negocios los escritores no siempre tendrán la ventaja al usar el punto de vista de la primera persona. Es más posible que se los tome más seriamente si son más objetivos y presentan las ideas y cosas desde el punto de vista de una persona no asociada con el asunto, que cuando sean subjetivos, presentando ideas y cosas desde un punto de vista más egotístico y posiblemente erróneo.

- **Subjetivo:** basado en las ideas, sentimientos y experiencias del narrador o escritor (punto de vista de la primera persona)
- **Objetivo:** no se basa en o es afectado por las ideas, sentimientos y experiencias del narrador o escritor (punto de vista de la tercera persona)

Por consiguiente, si usted quisiera quejarse de las nuevas reglas de oficina, ¿cuál de los siguientes puntos de vista cree que sea el más efectivo?

A. I think our new office policy is a failure.
B. The new office policy appears to be a failure.

La mayoría de la gente está de acuerdo que la oración B es la más efectiva. La pregunta es ¿por qué?

1. The point of view of sentence B is more effective than that of sentence A because
   a. sentence A is too subjective.
   b. sentence B is too subjective.
   c. sentence A is too objective.
   d. all of the above

La respuestas es **a**. La oración A usa el punto de vista de la primera persona, y ya que "*I*" es subjetivo y personal, no lleva consigo tanto peso como lo haría la oración objetiva B. En esta oración no existen las perspectivas personales; desde afuera, alguien, una tercera persona que no es ni el lector ni el autor, está buscando las reglas para analizarlas. El punto de vista de la tercera persona casi siempre se considera el más objetivo porque la tercera persona no está directamente involucrada en la acción. "*I*," por otro lado, está involucrado directamente en la acción y por lo tanto no puede tener una opinión objetiva sobre la situación y de su efectividad o carencia de la misma. La opinión del "*I*" puede ser discriminada por las mismas experiencias del autor.

▶ Cuando los escritores usan la persona

¿Cuándo segunda es un pronombre apropiado el "*you*"? ¿Qué efecto crea para usted, el lector? "*You*" generalmente se usa para dirigirse al lector directamente, particularmente cuando el escritor está dando direcciones. Imagínese, por ejemplo, que usted acaba de comenzar en un nuevo trabajo. En su primer día de trabajo, recibe la notificación siguiente:

Notificado A
As a new employee, you need to take care of several items in your first week of work. First, you need to visit our Human Resources office to complete your new employee file. Second, you need to visit our Payroll office to be added to our payroll. Finally, you need to meet with your immediate supervisor to develop your first six-month statement of goals.

Ahora imagínese que acaba de recibir ésta en lugar de la primera:

Notificado B
New employees must take care of several items during their first week of work. First, they must go to the Human Resourcs office to complete a new employee file. Second, they must go to the Payroll office to be added to the payroll. Finally, they must meet with their immediate supervisor to develop their first six-month statement of goals.

¿Cuál de las notificaciones preferiría recibir? _____

Claro, preferiría recibir la notificación A. Ahora una pregunta más difícil:

2. The point of view of memo A is more effective than the point of view of memo B because
   a. memo A feels less formal.
   b. memo A speaks personally to the reader.
   c. memo A addresses the reader as an individual.
   d. all of the above

La mayoría de la gente preferiría la notificación A por todas estas razones; entonces la respuesta es **d**. En la notificación A, el escritor habla directamente al lector "you." En la notificación B el escritor habla en la tercera persona "new employees"; nunca menciona el hecho de que usted es un nuevo empleado. Como resultado, la notificación B suena más formal y/u oficial. El punto de vista de la segunda persona se dirige a usted personalmente además de referirse a usted como individuo y no como una categoría más (*new employees*). Es como si la notificación A fuera escrito exactamente para usted.

Segunda persona y audiencia

A propósito, ya que la notificación A usa el punto de vista de la segunda persona, usted puede suponer algunas cosas acerca de la audiencia de ésta. Lea nuevamente la notificación A y contesta las preguntas siguientes:

3. Memo A was most likely written for
   a. all employees.
   b. managers of new employees.
   c. new employees only.
   d. Human Resources employees.

Debido a que la notificación A usa el pronombre en la segunda persona singular *you*, se puede suponer que **c** es el que se da solamente a los nuevos empleados. No podría funcionar de esa manera para ninguna otra audiencia, debido al uso de su pronombre.

Por otro lado, la notificación B se podría usar para una audiencia más grande. También, la misma notificación podría ser parte de un documento más largo dirigido a todos los empleados o podría ser dirigido a todas las personas mencionadas en el párrafo (nuevos empleados, oficinas de reclutamiento, de pago y supervisores). Por consiguiente, quizás el punto de vista de la tercera persona hubiera sido usado en la notificación B no con el propósito de crear una distancia entre lector y autor, sino para llegar a una audiencia más larga.

Los autores también pueden usar "you" como si estuvieran tomando parte en la acción o en las ideas

presentadas en el texto. En este ejemplo, primero considere la tercera persona:

Párrafo A

There is a series of new policies regarding students' social events on weeknights. Although students may still occasionally organize small celebrations or fund-raisers on school nights, they must respect a curfew. Students are now required to be in their residence halls by 11:00 P.M. every night except Friday and Saturday. Any student caught in the cafeteria area, in the library, or on the athletic fields after curfew will be subject to discipline and possible detention. This policy will be beneficial for all students; no student should disobey it.

Párrafo B

There is a series of new policies regarding your social events on weeknights. Although you may still occasionally organize small celebrations or fund-raisers on school nights, you must respect a curfew. You are now required to be in your residence halls by 11:00 P.M. every night except Friday and Saturday. If you are caught in the cafeteria area, in the library, or on the athletic fields after curfew, you will be subject to discipline and possible detention. This policy will be beneficial for all of you; don't disobey it.

¿Pudo notar la diferencia entre ambos párrafos? ¿Qué pronombres se usan en cada párrafo?

4. Paragraph A uses
   a. first person pronouns (*I*, *we*)
   b. second person pronouns (*you*)
   c. third person pronouns (*he, she, they*)

5. Paragraph B uses

    a. first person pronouns (*I, we*)

    b. second person pronouns (*you*)

    c. third person pronouns (*he, she, they*)

El párrafo A usa la tercera persona (**c**), mientras párrafo B usa la segunda persona (**b**). Ahora, ¿qué párrafo cree usted el más convincente? La mayoría de la gente estaría convencida por el párrafo B. ¿Por qué?

6. Paragraph B seems more convincing because

    a. *you* puts the readers into the action of the paragraph.

    b. *you* makes readers pay more attention.

    c. *you* makes readers imagine themselves in that situation.

    d. all of the above.

El punto de vista de la segunda persona resulta en todas estas cosas: la respuesta correcta es **d**. Aunque el párrafo continúa siendo una forma de aviso, una declaración de reglas nuevas (y estrictas), parece más familiar y auténtico gracias al usar la forma *you*. Cuando una persona lee la palabra *you*, comienza a prestar más atención al mensaje que se expresa, como si autor se dirigiera a usted específicamente. A fin de cuentas, puede imaginar que la administración escolar desarrolló las reglas para aplicarse a personas concretas y no a categorías abstractas.

▶ Resumen

Hasta ahora, ha podido observar la importancia que el punto de vista tiene en la escritura. Cada punto de vista crea su propio efecto. Algunas veces hace que un argumento sea más convincente a través de la objetividad de la tercera persona; otras veces un argumento es más fuerte a través de la participación de la segunda persona; muchas veces aún es más convincente a través de la intimidad que ofrece la primera persona. Los escritores seleccionan su punto de vista con cuidado para poder crear cierta relación con sus ideas, y también con el lector.

Técnicas adquiridas

- Imagínese que tenga una discusión con alguién. Narre la historia de la discusión, primero desde su punto de vista usando el pronombre personal de la primera persona. A continuación, cuente la historia desde el punto de vista de la otra persona, usando el pronombre personal en la primera persona. Finalmente, narre la historia desde el punto de vista de un extraño, usando el punto de vista de la tercera persona. Note cómo la historia cambia cuando el punto de vista cambia, y note cómo los cuentos de las dos primeras personas son más subjetivos mientras que el cuento de la tercera es más objetivo.
- Mira una carta o una notificación que ha recibido en el trabajo. Si la información se refiere a usted en la segunda persona *you*, cámbiela al punto de vista de la tercera persona (*employees, managers, clients*). O si el autor usa el punto de vista de la primera persona (*I, we*) cámbiela al punto de vista de una tercera persona para eliminar la subjetividad.

12▶ Dicción: ¿Qué hay en una palabra?

RESUMEN DE LECCIÓN

Esta lección se enfoca en la dicción, es decir aquellas palabras específicas que los autores usan para comunicar sus ideas. El menor cambio en la selección de palabras puede cambiar sensiblemente el tono y el significado de un párrafo. Esta lección le demostrará cómo seleccionar las señas para descifrar el significado que los autores quieren comunicar a través de la selección de palabras.

¿**P**OR QUÉ LLEGÓ SHERLOCK HOLMES a ser el mejor detective? ¿Era más inteligente que los otros detectives? ¿Tenía algún poder mágico? ¿Podía ver el pasado y el futuro? No, Sherlock Holmes no era ningún mago. Entonces, ¿cuál era su secreto?

Su poder de observación.

Usted recordará que en la introducción de este libro se hablaba de la lectura activa. Como lector activo, debe estar marcando los párrafos que lea: indentificando nuevo vocabulario, subrayando palabras e ideas claves y anotando sus reacciones y preguntas en los márgenes. Sin embargo, hay otra parte de la lectura activa que todavía no hemos practicado: **el hacer observaciones.**

► Hacer observaciones

El hacer observaciones significa leer cuidadosamente el texto y darse cuenta de las características especiales de cómo fue escrito. Usted bien puede darse cuenta, por ejemplo, del punto de vista que el autor ha escogido. También podrá notar:

- Palabras y frases particulares que usa el autor
- La manera en que estas frases y palabras están ordenadas dentro de oraciones y párrafos
- Las formas en que estas palabras o frases se repiten
- Detalles importantes acerca de gente, lugares y cosas

Cuando hace observaciones, puede hacer inferencias. Por cierto, lo hizo en la Lección 11 cuando hizo suposiciones acerca de cómo el director quería percibido basado en el punto de vista que usaba.

Observaciones e inferencias

Las inferencias, como podrá recordar, son conclusiones basadas en razonamiento, hecho o evidencia. Las inferencias bien hechas proceden de buenas observaciones. Las observaciones son la evidencia para las inferencias. Las buenas inferencias le pueden ayudar a determinar el significado de la misma manera que ayudaban a Sherlock Holmes a resolver crímenes.

Entonces, para ser mejores lectores, necesitamos ser como Sherlock Holmes: Necesitamos ser mejores observadores. En la historia "The Adventure of the Blanched Soldier," Sherlock Holmes le dice a un cliente: *"I see no more than you, but I have trained myself to notice what I see."* No es necesario ser Einstein para ser un buen lector. Sólo tiene que entrenarse para darse cuenta de lo que observa.

► Observar la dicción

Pruebe su habilidad de observación en las oraciones siguientes:

A. The company's new attendance policy, which goes into effect on Monday, should significantly reduce absenteeism.

B. The company's draconian new attendance policy, which goes into effect on Monday, should significantly reduce absenteeism.

No necesita la lupa de Sherlock Holmes para ver la diferencia entre la oración A y la oración B. Esta última usa las palabras *draconian* y *new* para describir el reglamento de participación, mientras que A usa solamente *new*. Repase la Lección 3 si a usted se le ha olvidado el significado de *draconian*. Ahora que usted lo sabe, ¿por qué es tan importante?

1. What does sentence B tell you that sentence A doesn't?
   a. what type of policy is being discussed
   b. how the writer feels about the policy
   c. when the policy begins

La respuesta es **b.** Ambas oraciones le dicen que el nuevo reglamento tiene que ver con la participación, y ambos dicen que el reglamento se pone en efecto el lunes. Pero la oración B, ya que añade la palabra *draconian*, le dice cómo se siente el autor con respecto al nuevo reglamento. No le gusta. Su opinión se puede deducir por el uso de la palabra *draconian*. En vez de decir directamente, *"I think this policy is very severe,"* el autor sólo sugiere se siente así.

Denotación y connotación

Ahora suponga que la oración A también usa otro adjetivo para describir el nuevo reglamento.

A. The company's firm new attendance policy, which goes into effect on Monday, should significantly reduce absenteeism.

B. The company's draconian new attendance policy, which goes into effect on Monday, should significantly reduce absenteeism.

¿Significan lo mismo las dos oraciones? Sí, pero no. Ambas palabras, *firm* y *draconian*, sugieren que el reglamento es estricto, pero cada palabra tiene su propia y implicación específica. Un reglamento *firm* no es tan estricto como un reglamento *draconian*. Más allá de eso, *draconian* sugiere que el reglamento es no sólo estricto sino también desigual e irracional.

Las palabras que los autores escogen, a pesar de que puedan tener el mismo significado en los diccionarios que usted consulte, en realidad tienen otro nivel significativo. Esto se llama su **connotación**. Una connotación es el significado implícito, el significado que proviene cuando la definición del diccionario (**denotación**) adquiere un registro emocional o social o una sugerencia de nivel. Las palabras específicas que los autores usan—su *dicción* o selección de palabras—revelan por lo tanto en gran extremo su manera de sentir con respecto a temas.

> **Dicción:** aquellas palabras particulares seleccionadas y usadas por el autor.
>
> **Denotación:** el significado exacto o de diccionario.
>
> **Connotación:** el significado sugerido o implícito.

▶ Como la dicción influye en el significado

Ponga en práctica sus poderes de observación en las oraciones siguientes. Léalas cuidadosamente y escriba lo que usted pueda notar sobre la diferencia de la selección de palabras de cada autor. Trate de usar la dicción del autor para determinar qué se infiere en cuanto a la gravedad de la situación que ellos describen.

A. The driver got out of the car, approached the police officer, and asked what he'd done wrong.

B. The driver burst out of the car, accosted the police officer, and demanded to know what he'd done wrong.

Ambas oraciones comunican la misma información básica. Una persona, después de que un policía le detenga, le pregunta qué es el problema concreto. Pero las diferencias en dicción hacen obvio que hay dos situaciones poco similares—o por lo menos que el narrador de cada una tiene su propio punto de vista. ¿Qué diferencias nota usted? Escríbalas a continuación.

Sus observaciones:

Ejemplo: *I noticed that one sentence says "approached" whereas the other says "accosted."*

Y, además, ¿en qué oración le parece la situación más seria? ¿Por qué le parece así? (El *por qué* aquí es fundamental.)

Debe haber notado que la oración B describe la situación más seria. Hay tres razones principales que observar:

- La palabra burst en la oración B indica una fuerza dramática, casi violenta. La frase got out en la oración A es más o menos genérica; no lleva significados implícitos en cuanto a la intención de la acción. Burst es más específica y comunica una distinta inflección.

- *Accosted* en la oración B indica aún más el contexto de confrontación y tensión. No es solamente que el conductor se acerque a la policía, sino que está enojado y quiere argumentar. El verbo *accost* casi incluye en sí mismo lo que viene después—palabras agresivas. Aunque no describe un tipo especial de movimiento hacia una persona—el policía—siempre connota conflicto.

- La palabra *demanded* de la oración B también resulta en connotaciones de conflicto. A veces implica una falta de paciencia, o un clima de ansiedad, pero aquí, junto con los términos que se discuten más arriba, contribuye al significado implícito de que hay un problema y que el conductor está enfadado. *Ask*, mientras tanto, es un término totalmente neutro.

Leer entre líneas

El observar la dicción de lo que lee será bastante beneficioso cuando la idea principal del autor no está clara. Por ejemplo, en el párrafo que sigue—una carta de recomendación—el autor no provee nina una oración principal o temática que exprese su idea principal. Al contrario, usted debe usar sus poderes de observación para responder a la pregunta de cómo se siente el escritor sobre el empleado que describe.

Párrafo A

Jane Doe usually completes her work on time and proofreads it carefully. She is a competent typist and is familiar with several word processing programs. She has some knowledge of legal terminology and procedures, which has been helpful.

2. What message does the writer of Paragraph A convey about Jane Doe?
   a. Jane Doe is an exceptional employee. Hire her immediately!
   b. Jane Doe is an average employee. She doesn't do outstanding work, but she won't give you any trouble.
   c. Jane Doe is a lousy worker. Don't even think about hiring her.

Para contestar esta pregunta, hizo una inferencia. Apoye su inferencia con observaciones específicas sobre el lenguage en este párrafo. ¿Por qué cree que su repuesta sea correcta? (Se le da un ejemplo para que pueda comenzar.)

Sus observaciones e inferencias:

Ejemplo: *I noticed that the writer says Jane Doe "usually" completes her work on time* (observation), *which suggests that Jane Doe is good but not perfect; she doesn't always get her work done on schedule* (inference).

La dicción del párrafo apoya de la mejor manera posible la respuesta **b:** El autor se cree que "Jane Doe is an average employee. She doesn't do outstanding work, but she won't give you any trouble." Usted puede haber apoyado esta inferencia con observaciones como éstas:

- El escritor usa en la primera oración la palabra *usually*, que significa que Jane Doe es buena, pero no excepcional; ella no sigue siempre las fechas límite.
- El escritor describe a Jane Doe como *competent.* Esto nos dice que Jane Doe escribe a máquina bastante bien para tener ese puesto. Pero ella no es excepcional. Podría ser mejor.
- El escritor nos dice que Jane Doe se ha familiarizado con (*familiar with*) muchas de las palabras del sistema de redacción. Esto significa que ella puede usarlas, pero que ella no es experta y que quizás tiene problemas con programas más avanzados.
- El escritor nos dice que Jane Doe tiene *"some knowledge of legal terminology and procedures,"* lo que significa que sabe un poco, pero no mucho. Es decir que ella sabe más que alguien que no sabe nada, pero no es especialista.

A continuación, lea la carta de recomendación que ha sido revisada. La dicción (la selección de palabras) ha sido modificada para que el párrafo mande un mensaje diferente. Lea el párrafo cuidadosamente y determine lo que el escritor piensa de Jane Doe.

Párrafo B

Jane Doe always submits her work promptly and proofreads judiciously. She is an excellent typist and has mastered several word processing programs. She also has an extensive knowledge of legal terminology and procedures, which has been invaluable.

3. What message does the writer of Paragraph B convey about Jane Doe?
   a. Jane Doe is an exceptional employee. Hire her immediately!
   b. Jane Doe is an average employee. She doesn't do outstanding work, but she won't give you any trouble.
   c. Jane Doe is a lousy worker. Don't even think about hiring her.

Esta vez, debería de haber seleccionado la respuesta **a.** El cambio de dicción indica que este escritor piensa que Jane Doe es una empleada fantástica. Para asegurarse de que la diferencia en la selección de palabras esté clara, escriba las palabras que el escritor del párrafo B usó para reemplazar las palabras del párrafo A. El primer reemplazo se le da para que así usted pueda continuar.

PÁRRAFO A	PÁRRAFO B
usually	always
on time	
carefully	
competent	
is familiar with	
some knowledge	
helpful	

▶ Resumen

Así como Sherlock Holmes aprendió a distinguir lo que observaba cuando llegaba a la escena de un crimen, usted también puede aprender a distinguir lo que ve cuando usted observa cuidadosamente algo escrito. Al identificar palabras específicas que un escritor escoge, puede asegurarse de que podrá comprender el mensaje del escritor.

Técnicas adquiridas

- Piense en la manera en que usted selecciona las palabras que usa cuando habla con otras personas. ¿Usa diferentes tipos de palabras para diferentes clases de gente? ¿Piensa cuidadosamente acerca de lo que dice y qué palabras usa? ¿Hasta qué punto está al tanto de su propia dicción?

- Note cuánto puede cambiar el significado de una oración cuando una sola palabra se cambia. Formule una pequeña oración como *"Experts say the economy is unhealthy."* Ahora reemplace *"unhealthy"* con sinónimos que tengan conotaciones un poco diferentes, como por ejemplo *"sick, feeble, ill, dying, under the wheather, feverish, infected."* Cada palabra expresará para su lector una actitud diferente acerca de su propio tema. Use cada una de estas palabras en su oración y vea cuánto y cómo cambia el significado. (Este ejercicio funcionará muy bien si selecciona palabras como *rich, tired, happy* o *sad*, las cuales tienen muchos sinónimos con una variedad de conotaciones.)

13▶ Estilo: lo importante no es lo que se dice sino cómo se dice

RESUMEN DE LECCIÓN

Cómo un escritor ordena sus palabras para expresar ideas es tan importante como su selección de palabras. Esta lección le mostrará cómo analizar el estilo de algo escrito para poder obtener un mejor entendimiento de lo que el escritor realmente quiere decir.

"¿EL ESTILO? ¿Qué tiene que ver con la lectura y comprensión?"

En realidad, el estilo tiene mucho que ver con la lectura y la comprensión. Así como los escritores usan estructuras diferentes para organizar ideas e información, también usan estilos variados. Por consiguiente, cuanto más usted esté al tanto de los elementos de estilo, tanto más fácilmente podrá determinar los propósitos del escritor para así poder entender sus ideas.

El estilo es también muy importante porque es lo que generalmente nos atrae a ciertos autores y tipos de escritura. Quizás se fije en lo que nos gusta y lo que no, pero el entender el estilo nos puede ayudar a apreciar las diferencias entre los escritores y entre los diferentes tipos o géneros de escritura.

Estilo: Manera particular de escribir, hablar o hacer algo; la manera de llevar algo a cabo.

▶ ¿Qué es el estilo?

En la escritura, el estilo generalmente consiste en tres elementos:

- Estructura de la oración
- Grado de detalle y descripción
- Nivel de formalidad

La dicción es otro aspecto del estilo, pero ya que la dicción es esencial para el significado, tiene su propio capítulo en este libro.

La estructura de la oración

El observar la estructura de las oraciones significa darse cuenta de qué tipo de oraciones usa el autor. ¿Son cortas y simples? o ¿son complejas las oraciones con muchas cláusulas y frases? Quizás el escritor use una mezcla de ambas. ¿Suena cada oración de la misma manera, o hay una variedad en la estructura y el orden de palabras? ¿Está al nivel correcto del lector la complejidad o la simplicidad de las oraciones?

Lea las oraciones siguientes y responda a las preguntas para describir la estructura de las oraciones.

A. Sophie walked into the store. She looked at four dresses but didn't buy any. Then she looked at some shoes. She tried on one pair of shoes. Then she bought them.

B. Sophie walked into the store and gravitated toward a rack full of dresses. Glancing at four but not enticed, she drifted over to the shoe section, where one pair seemed especially interesting. After some deliberation, Sophie boxed them up, approached the register, and made the purchase.

1. Which version uses simple sentences?
   a. version A
   b. version B

2. Which version uses the same sentence structure throughout?
   a. version A
   b. version B

3. Which version uses complex sentences?
   a. version A
   b. version B

4. Which version varies the sentence structures, using different kinds of sentences?
   a. version A
   b. version B

Seguramente puede notar que la versión A es la que usa oraciones simples con la misma estructura básica. (También habrá podido notar que estas oraciones suenan monótonas ya que son simples y sin variedad.) En la versión B, las oraciones son más complejas con más variaciones estructurales.

Nivel de detalle y descripción

Al observar el grado de detalle y descripción, pregúntese dos cosas:

1. ¿Cuán específico es el autor? ¿Escribe, por ejemplo, "car" o "blue Toyota sedan"? ¿Escribe "a lot" o "six dozen"?

2. ¿Cuánta descripción provee el autor? ¿Escribe, por ejemplo, "my building" o "my building, a modern skyscraper"? Quizás va más allá: "my building, an imposing modern skyscraper of glass and steel."

Trata de decidir si las palabras son específicas y descriptivas, o si son generales y no descriptivas.

3. Which word or phrase is more specific? Which is more general?
   a. this town
   b. Ashland, the suburb where Tony has lived since birth

4. Which phrase is more descriptive? Which is less descriptive?
   a. vehicle
   b. rusty green pickup truck

Como has notado, **3b** es la respuesta más específica, mientras que **3a** es general; **4b** es más descriptiva que **4a**.

Nivel de formalidad

El nivel de formalidad de una selección escrita tiene que ver con el lenguaje formal o informal del autor. Por ejemplo, ¿usa palabras comunes como si estuviera hablando con un amigo, o es que usa expresiones técnicas como si estubiese hablando con sus colegas? ¿Se dirige el escritor de una manera formal o informal al lector?

Decida si las oraciones siguiente son formales o informales.

6. Which of the following sentences are more informal? Underline them. Which are more formal? Circle them.
   a. Let's get together after work on Thursday.
   b. We kindly request that you join us for a social gathering at the close of business on Thursday.
   c. These figures indicate the sales have increased significantly.
   d. Sales are up!

Lo más probable es que no tuvo muchos problemas en decidir que las oraciones **a** y **d** son más informales y que las oraciones **b** y **c** son más formales.

▶ Cómo trabajan juntos los tres elementos de estilo

Observe cómo estos tres elementos de estilo funcionan juntos en los ejemplos que siguientes. A continuación se presentan dos cartas que dicen esencialmente lo mismo pero que están escritas en dos estilos totalmente diferentes. Lea las cartas cuidadosamente y luego haga una lista de sus observaciones. ¿Cuál es la diferencia entre estas dos cartas?

Carta A

Bob:

Listen, a while ago we rush ordered some paper from you. We haven't gotten it yet. What happened? Where is it? Find out! We need it!

—Joe

Carta B

Dear Mr. Brown:

Three weeks ago, on January 22, we rush ordered two dozen boxes of XYZ bond paper from you (Order #123456). To date we have not received our order. Please look into this matter immediately as we are in dire need of this product.

Sincerely,

Joseph White

¿Qué pudo notar acerca de estas dos cartas? ¿Cómo son diferentes? Tome en cuenta la estructura de la oración, el nivel de descripción y detalle y el grado de formalidad. Anote sus observaciones (se le provee un ejemplo para seguir).

Sus observaciones:

Ejemplo: I noticed that letter A addresses the reader as "Bob" whereas letter B addresses him as "Mr. Brown."

Ahora responda a las preguntas siguientes.

7. Which letter is more formal?
a. letter A
b. letter B

8. Which letter seems to have been written by someone who knows the recipient well?
a. letter A
b. letter B

9. In which letter is the sentence structure more complex?
a. letter A
b. letter B

10. Which letter is more descriptive and detailed?
a. letter A
b. letter B

En seguida habrá podido notar la diferencia en el grado de formalidad entre estas dos cartas. La carta A está escrita de una manera muy casual, como si el autor de la misma conociera muy bien al lector y por lo tanto no necesita usar un acercamiento profesional. Nuestra primera clave de esta relación casual es la manera en la cual la carta está dirigida. La carta A se dirige al lector como "Bob" mientras que la carta B comienza con algo más formal como "Dear Mr. Brown." La misma diferencia se puede ver en la conclusion de la carta: "Joe" versus "Sincerely, Joseph White."

La (in)formalidad de cada relación se refleja también en la estructura de las oraciones y el nivel de detalle y descripción. Habrá notado, por ejemplo que, la carta A usa oraciones cortas e inconclusas con signos de exclamación que hacen que la carta suene menos formal, más urgente y más exigente. El autor también usa palabras casuales como *listen* para que lo escrito suene más como una conversación. Por otro lado, la carta B usa oraciones más largas y complejas para sonar más formal y sofisticada.

Al mismo tiempo, quizás haya notado que la carta A no provee información específica como lo hace la carta B. La carta A nos dice que el autor puso una orden de "some paper" "a while ago," pero la carta B dice que la orden se puso "three weeks ago, on January 22" y que la orden era "two dozen boxes of XYZ bond paper." El hecho de que la carta A no provee detalles específicos es una evidencia más de que el lector conoce muy bien al autor, ya que el autor no se siante oligado a dar otros detalles específicos. Además, en la carta A el autor usa la orden *"Find out!"* mientras que en la carta B pide, en yez de ordenar, que el asunto sea aclarado. Esta amabilidad refleja una distancia profesional entre el autor y el lector.

En el mundo de los negocios, así como en la mayor parte de lo que se escribe, la audiencia o los lectores son los que generalmente determinan el estilo del autor. El autor de la carta A es capaz, suponemos, de escribir en el estilo de la carta B, pero debido a que tiene una relación casual con su lector, no necesita usar el estilo formal.

El efecto de la descripción y el detalle

En los negocios, lo que alguna gente llama "estilo florido" (*flowery style*), es decir con mucha descripción y detalle, casi nunca es apropiado. ¿Por qué? Porque en los negocios, como generalmente se dice, el tiempo es precioso (*time is money*); y los lectores no quieren pasar mucho tiempo leyendo descripciones largas o detolles extensos. Sólo quieren los hechos: dónde y cuándo se va a llevar a cabo la reunión; qué esperar del nuevo producto, y cuánto va a costar; cómo es el nuevo manual de trabajo, etc.

De todas maneras, hay otras veces cuando los autores quieren que los lectores imaginen una situación o experimenten algo a través del lenguaje, y necesitan usar un lenguaje con un estilo florido. Es decir, necesitan un nivel más alto de detalle y descripción. Los dos párrafos que siguen demuestran la diferencia. Ambos describen la misma reunión de negocios, pero en dos estilos completamente diferentes. Uno está escrito en un estilo apropiado para los negocios y sólo hace mención de los hechos. El otro describe la reunión en un estilo apropiado para cualquier tipo de lector interesado en los sentimientos del empleado, *Mr. Newman.*

Párrafo A

Yesterday at 9:00 a.m., Mr. Owen called Mr. Newman into his office. Mr. Owen reviewed Mr. Newman's personnel file. He congratulated Mr. Newman on his perfect attendance record and consistently satisfactory reviews. Then Mr. Owen informed Mr. Newman that his position, along with several others, was being eliminated due to a restructuring of the company. Mr. Owen offered Mr. Newman three months' severance pay and continuation of benefits for one year.

Párrafo B

At 9:00 A.M., Mr. Owen raised a thick arm to wave Mr. Newman into his office. Mr. Newman obeyed reluctantly and sat stiffly in front of the monstrous oak desk that managed to dwarf even Mr. Owen, a bulky man with a protruding stomach. Mr. Newman fidgeted as Mr. Owen opened his personnel file. Then, after praising Mr. Newman for his years of perfect attendance and his continuously satisfactory reviews, Mr. Owen told Mr. Newman that his position—which he had had for over 14 years—was being eliminated. The company was being restructured and Mr. Newman's job was no longer necessary. Mr. Owen went on to explain that Mr. Newman would have three months of severance pay and a year of continued benefits, but Mr. Newman didn't hear him. He walked out of Mr. Owen's office before Mr. Owen could finish his sentence.

A continuación escriba sus observaciones acerca de los dos párrafos. ¿En qué se distinguen? ¿Qué pudo notar sobre la estructura de las oraciones, sobre el grado de descripción y detalle y sobre el nivel de formalidad?

Sus observaciones:

Ejemplo: *I noticed that version B is almost twice as long as Version A.*

Ahora use sus observaciones para responder a las preguntas siguientes:

11. Which version tells you more about Mr. Owen?
    a. paragraph A
    b. Paragraph B

12. Which version tells you more about Mr. Newman?

   a. paragraph A

   b. paragraph B

13. Which version is more objective?

   a. paragraph A

   b. paragraph B

14. Which version makes you feel badly for Mr. Newman?

   a. paragraph A

   b. paragraph B

Usted se puede dar cuenta de que el párrafo B es mucho más descriptivo que el párrafo A—le dice más sohire Mr. Owen y Mr. Newman. El párrafo A sólo provee los hechos—detalles específicos, pero no una descripción. El párrafo A es muy objetivo. Nosotros no sabemos cómo les Mr. Owen ni cómo se siente Mr. Newman (a pesar de que lo pudiéramos imaginar).

Por otro lado, el párrafo B describe la apariencia de Mr. Owen: (es un "thick," "bulky" hombre con un "protruding stomach"); nosotros sabemos que su escritorio es "monstrous." Más importante, sabemos cómo Mr. Newman se siente acerca de la reunión y de las noticias que recibió. Claramente, Mr. Newman sabía que iba a recibir malas noticias: entró en la oficina "reluctantly" y se sentó en su silla, "fidgeted." Naturalmente, estaba muy preocupado par las noticias y lo demostró al dejar la sala antes de que Mr. Owen pudiera terminar. Estos detalles nos ayudan a sentir algo de Mr. Newman ya que los personajes y la situación se presentan visualmente y casi podemos imaginar lo que pasó.

▶ Resumen

Como podrá observar, el estilo es un aspecto muy importante en la lectura y la comprensión. Nos puede matizar la relación del autor con el lector, nos puede distanciar con su objetividad o acercarnos con sus descripciones y detalles. Como lectores, tendemos a reaccionar fuertemente hacia el estilo muchas veces sin saber por qué lo hacemos. Pero ahora usted sabe la razón y puede usar ese conocimiento para ayudarse a sí mismo a entender lo que lee.

Técnicas adquiridas

- A medida que usted se encuentre con oraciones o párrafos escritos en estilos diferentes, observe cómo se podrían oír si el estilo fuera alterado. Cambie el grado de formalidad, el nivel de descripción y detalle o la estructura de la oración para crear un nuevo estilo.
- ¿Quién es su autor preferido? Revise el trabajo de este autor prestando mucha atención a los elementos de estilo. Si a usted le gusta el trabajo de Jane Austen, seleccione aquellas características que hacen que le gusten sus novelas. ¿Le gusta su grado de formalidad, la manera en que usa los detalles para describir fiestas suntuosas, o la manera en que varia la estructura de sus oraciones? Después de que haya revisado cuidadosamente el texto, trate de practicar lo siguiente: ¿puede escribir una carta a su amigo(a) usando el estilo de Jane Austen, o de Ernest Hemingway o Stephen King?

14▶ Tono: Cómo se dice, parte 2

RESUMEN DE LECCIÓN

La manera en que se percibe el tono de voz de una persona tiene que ver en gran parte con el entender lo que dice. Lo mismo se puede notar en cuanto al tono de la escritura. Es vital obtener señas del tono para poder comprender en su totalidad algo escrito. Esta lección le mostrará cómo hacerlo.

DIGA ESTA PALABRA en voz alta: "seguro."

¿Cómo lo dijo? ¿Lo dijo con una sonrisa? o ¿lo dijo simplemente como si respondiera a una orden? ¿Alargó la entonación de la palabra como si no creyera lo que alguien le acaba de decir? o ¿la pronunció usted como "¿estás seguro de que está bien?"

Quizás no se haya imaginado que se puede decir esta palabra, *seguro*, de tantas maneras. Pues sí se la puede decir. ¿Por qué? La palabra en sí no es diferente, ni su denotación tampoco. Entonces, ¿cómo la misma palabra puede expresar tantas cosas?

La diferencia en el significado de todos estos *seguro* viene del tono—como se dice la palabra, y por consiguiente, como los oyentes se van a sentir cuando la oigan.

Tono: el *MOOD* y la actitud expresada por las palabras o la conversación.

Cuando usted habla y escucha, puede oír el tono de su propia voz y de otras. ¿Pero cómo llega a darse cuenta del tono en el lenguaje escrito? ¿Cómo puede saber si el autor quiere que su voz suene de una u otra manera? Leer "seguro" por sí mismo no nos dice si hay que murmurar o gritar la palabra. Se necesita prestar atención al contexto que envuelve cada palabra para encontrar las señas sobre el tono más apropiado.

Piense cómo se crea el tono en una conversación. Cuando se dice "seguro," el tono cambia de acuerdo a la suavidad o la intensidad así como a la velocidad con que se dice la palabra. El tono también se comunica (o se apoya) a través de las expresiones y del lenguaje del cuerpo de la persona que está hablando. Naturalmente, en el lenguaje escrito no se pueden tener estos recursos visuales, pero hay otras señas para determinar tono. Esas señales vienen con los elementos del lenguaje y estilo que usted ha estudiado hasta ahora: punto de vista, dicción y estilo.

► Cómo el tono influye en el significado

Póngase a pensar en que una oración es una colección de ingredientes (palabras y frases) que resultan en un plato exquisito (idea). Estos elementos del lenguaje y estilo son lo que se necesita para dar a la oración cierto sabor. El uso de diferentes "especias" dará como resultado sabores diferentes (tono).

Observe las dos cartas siguientes. Ambas expresan esencialmente la misma información, pero tienen tonos totalmente diferentes.

Carta A

Dear Client:

Thank you for your letter. We will take your suggestion into consideration. We appreciate your concern.

Carta B

Dear Valued Customer:

Thank you for your recent letter regarding our refund policy and procedure. We are taking your suggestion quite seriously and truly appreciate your concern.

¿Qué carta tiene un tono más positivo? Como puede ver, la carta B es la más positiva. ¿Por qué? ¿Qué puede notar de la carta B que la distinga de la carta A? Escriba sus observaciones abajo:

Sus observaciones:

Ejemplo: *I noticed that letter A is addressed "Dear Client" while letter B is addressed "Dear Valued Customer."*

Seguramente ha podido notar que la carta B usa palabras claves como "*valued* costumer" y "*truly* appreciate." La carta B también se refiere al contenido específico de la carta del lector para que sepa que ha sido leída. Además, la carta B le dice al lector que no sólo la compañía "will take your suggestion into consideration"—lo que suena como una promesa sin fundamento—sino también que los autores están tomando la sugerencia "quite seriously."

También debe haber notado que las oraciones en la carta B son más largas que en la carta A. Si lee esas oraciones cortas en voz alta, ¿cómo se escuchan? No son muy invitadoras. Suenan algo mecánicas y carentes de sentimiento.

Use sus observaciones para contestar las preguntas que siguen.

1. The tone of letter A is best classified as
   a. sincere.
   b. complimentary.
   c. indifferent.

La respuesta **c**, *indifferent*, es la que mejor describe el tono de la carta A. No hay ninguna indicación de que el autor de la carta A haya leído la carta de su cliente. Es decir que no hay ninguna indicación de que se tomen seriamente las sugerencias del cliente. Además, la estructura de la oración indica que el escritor no ha escrito con mucho cuidado esta carta. Como resultado, las oraciones suenan interrumpidas y aun desinteresadas.

2. The tone of letter B is best classified as
   a. cheerful.
   b. sincere.
   c. apologetic.

A diferencia de la carta A, los escritores de la carta B son sinceros: selección **b**. Saben con exactitud lo que sus clientes escribieron—nuevamente, son de importancia los detalles específicos. Además, se han tomado la molestia de hacer de la carta más individual al añadir palabras que muestran que valoran sus clientes y cómo responden.

Variedad de tono

Así como hay una variedad infinita de tono cuando habla, hay tanta variedad de tono en el lenguaje escrito.

Ésta es una pequeña lista de algunas de las palabras más comunes que sirven para describir el tono del autor.

cheerful	sarcastic
complimentary	ironic
hopeful	wistful
sad	foreboding
gloomy	playful
apologetic	sincere
critical	insincere
insecure	authoritative
disrespectful	threatening
humorous	indifferent

Si alguno de estos términos no es familiar, búsquelo inmediatamente en el diccionario.

Práctica

A continuación observe las oraciones y párrafos para ver si usted puede identificar con éxito sus tonos. A medida que los lea, piense en cómo suena el párrafo. Quizás usted aun desee leerlos en voz alta. ¿Con qué clase de entonación los lee? ¿Cuál es su tono de voz? Use sus instintos al igual que sus observaciones para escoger el tono de voz apropiado para cada selección. Las respuestas y las explicaciones vienen después de practicar las oraciones.

3. It seems to me, I think, that John was trying to tell me something just then with that look.
   a. playful
   b. uncertain
   c. wistful

4. Without a doubt, John is angry at me, and his look said so.
   a. indifferent
   b. humorous
   c. authoritative

5. This painting of yours doesn't meet the standards for our gallery. It's unsophisticated and derivative.
   a. critical
   b. gloomy
   c. insecure

6. We're all extremely impressed with your provocative painting, and we'd like to hang it. This shows real skill.
   a. ironic
   b. threatening
   c. complimentary

7. Those teenage summers were the best days of our lives. We learned so much about ourselves and each other, and time seemed endless. But now it's gone, and we can only look back and wish it all again.
   a. foreboding
   b. wistful
   c. disrespectful

Respuestas y explicaciones

3. b. Las frases "it seems" y "I think" indican que la persona que habla no está seguro de su interpretación, y que sólo tiene impresiones.

4. c. Aquí está seguro: "without a doubt" quiere decir "sin duda." No le queda la inseguridad de antes.

5. a. Estas oraciones critican el arte de otra persona, y sólo subrayan aspectos negativos. Constituyen, es decir, una crítica, aunque se base en evidencia concreta.

6. c. En este caso se ofrecen solamente aspectos positivos sobre el arte. "Provocative" puede ser un insulto en ciertos contextos, pero aquí es la base de alabanza sincera.

7. b. *Wistful* implica un sentimiento (a veces exagerado) de anhelar—anhelar a una persona, un lugar, cualquiera que sea. Aquí se puede notar un sentido bien marcado de nostalgia mientras habla del pasado. La palabra clave aquí es "wish." *Foreboding* siempre se refiere a condiciones en el futuro, y además implica un sentido de pavor o aprensión—lo opuesto de *wistful*.

▶ Resumen

La habilidad de determinar el tono es un componente esencial para la lectura y la comprensión. Muchas veces los autores dejarán que su tono comunique su mensaje. Es decir que usted tiene que interpretar cuidadosamente las señas del lenguaje y estilo del autor para determinar qué pretende comunicar.

- Escuche cuidadosamente a la gente y trate de determinar cuánto usted depende del tono para saber exactamente lo que intenta expresar. Note también cómo usted usa tono para comunicar su mensaje cuando habla con otra gente.

- Repase el ejercicio en que tenía que identificar el tono de cinco párrafos. Trate de cambiar el tono en algunos de esos párrafos.

15▶

El poder de las palabras: ponerlo todo en práctica

RESUMEN DE LECCIÓN

Esta lección reúne todo el material aprendido desde la Lección 11 hasta la 14. Incluye los capítulos anteriores también. La lección le demostrará como usar punto de vista, dicción, estilo y tono para comprender lo que un escritor quiere decir.

ESTA SEMANA APRENDIÓ todo sobre el lenguaje y cómo afecta al significado. Antes de que pueda añadir este material a lo que ya sabe sobre la estructura y los elementos básicos de lectura y comprensión, tome unos minutos para repasar las cuatro últimas lecciones. Es siempre una buena idea estudiar el material anterior antes de continuar con nuevas lecciones.

▶ Repaso: lenguaje y estilo

El punto de vista es la perspectiva desde la cual el autor escribe. A veces se escribe desde la primera persona *I, me, we, our, us* para expresar directamente hacia el lector sus propios sentimientos y experiencias. Este punto de vista crea un ambiente de intimidad entre el autor y el lector ya que expresa una perspectiva muy subjetiva. Cuando los autores usan la segunda persona, se dirigen al lector usando el pronombre *you*. Generalmente, este punto de vista se usa para dar direcciones y para hacer que el lector se sienta directamente envuelto en la acción descrita por el autor. El tercer punto de vista es desde la perspectiva objetiva de una "tercera persona," alguien que no está directamente envuelto en la acción o ideas expuestas en el pasaje. Este punto de vista establece una distancia entre el lector y el escritor y usa los pronombres *he, his, him, she, hers, her, it, its, they, them* y *their*.

La dicción se refiere a las palabras específicas escogidas por el autor para expresar sus ideas. Debido a que las palabras tienen una denotación (un significado exacto del diccionario), así como una conotación (un significado implícito o sugerido), y además un registro emocional, la selección de palabras puede ser revelador. Los escritores, así como los politicos, deben escoger cuidadosamente sus palabras para obtener el impacto correcto.

El estilo es la manera en que los autores expresan sus ideas por escrito. El estilo está compuesto de tres elementos primordiales: estructura de las oraciones, grado de descripción y detalle y nivel de formalidad. Algunos escritores usan un estilo muy formal mientras que otros pueden escribir en un estilo casual. Ciertos estilos son los más adecuados para algunas audiencias o propósitos. Por ejemplo, un nivel alto de formalidad con detalles específicos, pero sin descripciones innecesarias, sería el más apropiado

para los negocios: "el tiempo es de oro" y los autores tienen que expresar sus ideas lo más rápido posible.

Finalmente, **el tono** es el *mood* o la actitud expresada a través de lo escrito. El tono es creado por una combinación de punto de vista, dicción y estilo. Es extremadamente importante para determinar el significado porque, como lo vimos anteriormente, una palabra tan sencilla como *seguro* puede tener muchos significados dependiendo del tono en que se lo dice. Para determinar el tono, tiene que buscar señas que indiquen como el autor quiere que sus palabras suenen.

Si alguno de estos terminos o ideas no le suena familiar, PARE AQUÍ. Tome algunos minutos para revisar cualquier lección que no esté clara.

▶ Práctica

En la práctica de hoy, combinará los y varios aspectos del lenguaje con todo lo aprendido sobre la lectura y la comprensión hasta ahora:

- Encontrar los hechos
- Determinar la idea principal
- Determinar el significado a través del contexto
- Distinguir los hechos de las opinions
- Orden cronológico
- Causa y efecto
- Comparar y contrastar
- Orden de importancia

Pasaje de práctica 1

Empiece con este párrafo, que podría formar parte de la biografía de un atleta. Léalo con cuidado, márquelo y escriba sus observaciones en el espacio que se provee.

Terry Vaughn has been an integral member of the team since his first season, in 1988. At first, he played only occasionally but was instrumental on the bench. When he began playing every day, in 1990, he had an instant impact, scoring 30 goals and winning the award for Most Valuable Player. Vaughn is a creative and committed player, one who makes those around him perform better, and it was only natural that he would be named, in 2002, team captain. Today, he is the oldest player in the organization and still a dominant force on the field.

Sus observaciones:

A continuación contesta las siguientes preguntas:

1. Terry Vaughn joined the team in
   a. 1988.
   b. 1990.
   c. 2002.

2. Which sentence best sums up the main idea of the paragraph?
   a. Terry Vaughn is the team captain.
   b. Terry Vaughn scores many goals.
   c. On account of his performance and his leadership, Terry Vaughn is an essential part of the team.

3. *Today, he is the oldest player in the organization* is
   a. fact.
   b. opinion.
   c. point of view.

4. *Instrumental* means
   a. interesting.
   b. crucial.
   c. odd.

5. This paragraph is organized according to what structure?
   a. cause and effect
   b. compare and contrast
   c. chronological order

6. This paragraph uses what point of view?
   a. first person
   b. second person
   c. third person

Respuestas

1. a. El "first season" de Terry Vaughn, 1988, indica que fue en ese año que se hizo parte del equipo.

2. c. Las oraciones **a** y **b** son hechos, pero no dan un resumen del párrafo entero. Es obvio a través del párrafo que Vaughn es importante para el equipo gracias a varias habilidades físicas y en términos de su fieldad como líder.

3. a. Aunque la oración original en el párrafo también dice que es "dominant forcé"—un juicio subjetivo—es un hecho simple que Vaughn tiene más años que cualquier otra persona del equipo ("la organización").

4. b. "Instrumental" no sólo se refiere a los instrumentos en un sentido literal. También subraya la importancia de una persona en cuanto a su papel en la función diaria de una organización.

5. c. Aunque es cierto que hay varias opiniones y varias ideas que resumen la historia de Terry Vaughn, por la mayor parte se narra en el orden cronológico, desde el 1988 al presente.

6. c. Se narra en tercera persona: no hay ni "I" ni "you," sino "he." El personaje principal siempre se expresa con "he," "him," "his."

SI USTED NO RESPONDIÓ:	ESTUDIE:
Pregunta 1	Lección 1
Pregunta 2	Lección 2
Pregunta 3	Lección 4
Pregunta 4	Lección 3
Pregunta 5	Lección 6
Pregunta 6	Lección 11

Pasaje de práctica 2

Ahora trate un nuevo párrafo: No se olvide de marcarlo mientras lea y haga sus observaciones. Preste atención especial al lenguaje y el estilo.

> There will be dire consequences for employees if the company goes through with the merger. First of all, the merger will mean that many of us will have to relocate if we want to keep our jobs. Second, many of us will be transferred to new departments to fill the needs of the new conglomerate. But most importantly, a merger means that hundreds of us will lose our jobs as the companies merge, such as payroll and the human resources departments.

7. The main idea of this passage is that the budget cuts would
   a. be great for the university.
   b. not change things much.
   c. be bad for employees.

8. A *conglomerate* is
   a. a corporation made up of several different companies.
   b. a large department.
   c. the person in charge of a merger or acquisition.

9. This passage is organized
   a. in chronological order.
   b. by cause and effect.
   c. by order of importance.
   d. both **a** and **c**
   e. both **b** and **c**

10. This passage uses which point of view?
   a. first person
   b. second person
   c. third person

11. This passage is written from whose perspective?
   a. that of the employers
   b. that of the employees
   c. that of an outside consultant

12. The choice of the word *dire* suggests that the consequences of the merger would be
   a. minimal.
   b. expected.
   c. disastrous.

13. Which words best describe the style of this passage?
   a. informal, conversational
   b. descriptive, storylike
   c. formal, businesslike

14. The tone of this passage is
   a. sad.
   b. foreboding.
   c. threatening.

Respuestas

7. c. La primera oración es la oración temática y establece que la unión no será beneficiosa para los empleados. Las demás oraciones apoyan esta idea.

8. a. Este párrafo nos dice que la compañía será un "conglomerate" después de la unión, cuando dos o más compañías se alíen en una sola. Por consiguiente, la compañía será una corporación grande compuesta de compañías pequeñas.

9. e. El autor advierte a los lectores sobre los efectos que una unión de compañías puede tener para empleados y enumera estos efectos posibles en orden de importancia, dejando el efecto más importante para el último.

10. a. El punto de vista de la primera persona se refleja en el uso de los pronombres *us* y *we*.

11. b. El autor dice que la unión tendrá "dire consequences" para los empleados y luego usa los pronombres *us* y *we*—identificándose con los demás empleados—cuando anota esas consecuencias funestas.

12. c. Todos los efectos que el autor menciona aquí son muy serios, especialmente el tercero, el desempleo. El autor ha seleccionado la palabra *dire* para enfatizar la gravedad del asunto.

13. c. El pasaje evade cualquier tipo de descripciones o detalles innecesarios y usa un lenguaje formal en lugar de casual.

14. b. Cada oración explica un efecto negativo que la unión tendrá para los empleados. La negatividad de este párrafo es acentuada también por las palabras *dire* y *collapse*. Pese a que la unión misma pueda ser descrita como "threatening" (selección **c**), el autor no amenaza a nadie.

¿Cómo fue? Una vez más, felicidades si respondió a todas las preguntas correctamente. Si no, la tábula de abajo le dirá qué hacer.

SI USTED NO RESPONDIÓ:	ESTUDIE:
Pregunta 7	Lección 2
Pregunta 8	Lección 3
Pregunta 9	Lecciones 7 y 9
Pregunta 10	Lección 11
Pregunta 11	Lección 11
Pregunta 12	Lección 12
Pregunta 13	Lección 13
Pregunta 14	Lección 14

Técnicas adquiridas

- Escriba un párrafo sobre el material aprendido en estas dos últimas semanas: la estructura y el lenguaje. Comience su párrafo con una clara oración temática, como por ejemplo "I've learned a lot about how writers use structure and language." Después, escriba unas cuantas oraciones que apoyen o expliquen su conclusión. Trate de usar por lo menos una nueva palabra de vocabulario en su párrafo.

Leer entre líneas ▶

AHORA QUE HA ESTUDIADO la manera en que los autores usan la estructura y el lenguaje para organizar y expresar sus ideas, usted está listo para maniobrar con pasajes más complejos: aquéllos en que el autor no provee oraciones temáticas claras o simplemente no indica claramente sus intenciones. Para entender este tipo de texto, hay que "leer entre líneas." Esto significa que realmente tiene que aplicar sus habilidades de observación e investigar los pasajes para dar con el significados de cado uno.

Al final de esta sección, sera capaz de:

- Determinar la idea principal implícita
- Determinar la causa y el efecto implícitos
- Distinguir entre las apelaciones lógicas y las emocionales
- Determinar el tema de una selección literaria

Observará una variedad de textos, incluso unos literarios, para luego ponerlos todos juntos en una lección de repaso.

16▶ Determinar ideas implícitas

RESUMEN DE LECCIÓN

Esta lección le mostrará cómo determinar la idea principal de un pasaje en que el autor no ha provisto una oración temática, o en otras palabras que no la ha deletreado para usted.

OH, EL PODER DE LA SUGESTIÓN. Las casas de publicidad lo saben muy bien, y también los escritores. Saben que pueden llegar a comunicar una idea a sus lectores sin necesidad de decirla directamente. En lugar de proveer una oración temática que exprese la idea principal, muchas veces sólo omiten esa oración y en lugar proveen una serie de señas a través de la estructura y el lenguaje para poder comunicar sus ideas.

El encontrar una idea principal implícita es como encontrar una idea principal expuesta. Si se acuerda de la Lección 2, una idea principal es una aserción acerca del tema que controla o mantiene juntas todas las ideas del pasaje. Por lo tanto, la idea principal tiene que ser suficientemente general para cubrir todas las ideas en del pasaje. De la misma manera que una red, mantiene todo junto dentro del pasaje. Hasta ahora, casi todos los pasajes de este libro han tenido una oración temática que indicaba la idea principal. Por consiguiente, el encontrar la idea principal era algo así como un proceso de eliminación: podía eliminar las oraciones que no eran suficientemente generales para poder cubrir casi todo el párrafo. Pero ¿qué podría hacer si no hubiera la oración temática?

Es preciso usar observaciones para hacer inferencias o llegar a la conclusión—esta vez una inferencia acerca de la idea principal o el propósito del pasaje.

► Como encontrar la idea principal implícita

El encontrar la idea principal implícita requiere que usted use sus poderes de observación para hacer inferencias que, como una oración temática, cubran el pasaje entero. Puede ser que requiera un poco de trabajo de detective; pero ahora que sabe encontrar detalles y entender la selección de palabras, estilo y tono, usted puede hacer observaciones que le permitirán determinar las ideas principales aun cuando no estén explícitamente expuestas.

Pasaje de práctica 1

En este primer ejemplo de encontrar la idea principal implícita, observa este comentario sobre un profesor de literatura:

> I left class today totally unsure of how to analyze the last three chapters we read, and I felt this way last week, too. Professor Prescott drew this elaborate diagram on the board and proceeded to use it throughout the whole confusing lecture. I can't expect next class will be all that much clearer with this maniac in charge.

Note que no hay una oración temática en este párrafo. Sin embargo, es probable que puede determinar la idea principal basándose en los hechos individuales y el tono del narrador. ¿Qué sugiere ella?

1. Which of the following best expresses the student's main idea?
   a. Literature classes are always difficult.
   b. Professor Prescott doesn't explain the material clearly in his lectures.
   c. Next class deals with a very complicated book.

Respuesta

La respuesta correcta es **b**. En el párrafo corto, hay varios señales de que la falta de claridad en la clase más reciente se incluye en un patrón mayor por parte del profesor: *normalmente* no se explica bien. Las respuestas **a** y **c** sugieren que el problema aquí no es del profesor, sino con el sujeto; sabemos de la oración final, sin embargo, que para el narrador el profesor es una "maniac"—un loco.

Pasaje de práctica 2

Examine la declaración siguiente sobre el guardia de seguridad de un edificio donde vive el narrador:

> Well, Mr. Blank's a pretty carefree man. A few times I've knocked on his door and he just hollers, "Come in," and I just have to push the door open because it isn't locked. He often forgets things, too, like where he parked his car or where he put his keys. One time I found him in the hall searching through his bags because he couldn't find his keys, and it turned out the door was open anyway. Sometimes I wonder how he remembers to eat, let alone to take care of his apartment.

2. What is Mr. Blank's neighbor suggesting?
   a. Mr. Blank forgets everything.
   b. Mr. Blank may have left his door open that day.
   c. Mr. Blank is too carefree for his own good.

Puede confrontar la pregunta de esta manera: ¿Cuál de estas tres declaraciones apoya las declaraciones del vecino? Practique el proceso de eliminación. ¿Apoyan todas las oraciones la opción **a**? Si no, tache esta opción. ¿Apoyan todas las oraciones la opción **b** o la **c**?

Respuesta

La respuesta correcta es **b**: "Mr. Blank may have left his door open that day." ¿Cómo se puede determinar? Pues, en la declaración del vecino, ésta es la única idea apoyada por todas las oraciones. Se sabe que el señor Blank a menudo no cierra su puerta cuando está en casa; también se sabe que a menudo se le olvidan cosas. Entonces, la declaración del vecino contiene ambas opciones, **a** y **b**, pero ninguna de ellas puede ser la idea principal porque el vecino argumenta ambas cosas al mismo tiempo. Esta combinación hace probable que el señor Blank dejara la puerta de su apartamento abierta el día en que se cometió el robo.

Pasaje de práctica 3

Ahora observe el párrafo en que el lenguaje que usa el autor es lo que le permite a usted determinar el significado. Lea cuidadosamente el párrafo siguiente y trate de determinar la idea principal implícita del párrafo.

> Mr. B, my manager, is six feet ten inches tall with eyes that pierce like knives and a mustache like Hitler's. He invades the office at precisely 8:00 every morning demanding this report and that report. He spends half of the day looking over my shoulder and barking orders. And whenever there's a mistake—even if it's his fault—he blames it on me.

Antes de decidir la idea principal implícita, anote sus observaciones. ¿Qué ha podido notar acerca del lenguaje de este párrafo? Se le provee un ejemplo para que usted pueda comenzar.

Sus observaciones:

> **Ejemplo:** *I noticed that Mr. B's eyes are compared to knives.*

3. Which of the following best expresses the implied message of the passage?
   a. Working for Mr. B is a challenge.
   b. Working for Mr. B is like working for a tyrant.
   c. Mr. B is a terrible manager.

Respuesta

La respuesta correcta es **b**: "Working for Mr. B is like working for a tyrant." En el lenguaje de este párrafo hay muchas señas que le pueden conducir a esta inferencia. Primero, como seguramente pudo notar, el señor B "has eyes that pierce like knives." Esta comparación (llamada *simile*) sugiere que el señor B no mira a otra gente con buenos ojos; al contrario, su mirada puede matar.

Segundo, la descripción del bigote del señor B es una parte crucial que determina cómo el autor establece el tono del párrafo. Al decir que el señor B tiene el bigote "like Hitler's" se hace inmediatamente una imagen mental del señor B como Hitler. Es una comparación bastante seria. Un escritor no podría comparar a nadie con Hitler—incluso en el nivel físico—a no ser que quiere describir a alguien como diabólico.

Tercero, el autor nos dice que todos los días el señor B. "invades" la oficina "precisely" a las 8:00 de la mañana. "Invade" es una palabra clave. El autor habría podido decir que el señor B "storms into" la oficina o que él "barges into" la misma, pero escogió la palabra "invades" como si tratara de ganar un territorio que no le pertenece. Además, el señor B pasa el día "barking orders" y, al igual que un tirano, vive acusando a otros si algo sale mal. De esta manera, a pesar de que las respuestas **a** y **c** puedan ser ciertas (debe ser un gran reto trabajar con este señor ya que no parece ser una persona muy sociable), la respuesta **b** es la única idea que las otras oraciones del párrafo apoyan.

Naturalmente, esta descripción del señor B es muy subjetiva ya que se usa el punto de vista de la primera persona. Como lector activo, debe de reflexionar si es que todos ven al señor B de la misma manera o si es que este empleado es incapaz de ser objetivo cuando habla del señor B.

Pasaje de práctica 4

Mucha gente encuentra difícil la lectura de textos literarios porque en trabajos literarios (ficción, drama y poesía) la idea principal casi nunca se expresa claramente en una idea temática. En lugar de eso, los lectores tienen que prestar atención a las señas que generalmente están detrás del lenguaje del texto. Por ejemplo, el párrafo siguiente describe a un personaje ficticio. Léalo cuidadosamente, haga sus observaciones y luego identifique la idea principal del párrafo.

In the evening when Dell finished a long day at work, she came home alone to an empty house. She'd make herself a small tasteless supper— she never felt like cooking anymore, now that there was no one else but her to feed. At night she'd tend to the animals in the back and would often talk to them to break the silence that imprisoned her.

Sus observaciones:

Ejemplo: *I noticed that Dell is the only person mentioned in this paragraph.*

4. The main idea of this paragraph is that
   a. Dell wants to be alone.
   b. Dell was abandoned.
   c. Dell is very lonely.

Respuesta

Pese a que **b** sea posible, "Dell was abandoned," en este párrafo no hay evidencia para apoyar esa inferencia. Entonces, **b** no puede ser la idea principal. La respuesta **a,** "Dell wants to be alone," tampoco puede ser la correcta ya que en el párrafo todo sugiere que a Dell no le gusta estar a solas. Ahora que está sola, ya no le gusta cocinar y habla con los animales porque no hay otra persona con quien hablar.

Además, el lenguaje del párrafo crea el sentimiento de soledad intensa: Dell llega a casa sola a una casa vacía ("empty"); su cena es sin sabor ("tasteless"); y habla con los animales "to break the silence that imprison[s] her." Todas estas palabras funcionan juntas en el párrafo para crear el sentimiento de soledad. Por consiguiente, sin necesidad de decirlo, el autor nos dice que **c**, Dell está muy sola.

▶ Resumen

Muchos escritores, en vez de comunicar sus ideas directamente, usan implicaciones para comunicar el significado de lo que escriben. Esto es cierto especialmente en la literatura. El encontrar la idea principal implícita requiere un poco de trabajo de detective, pero no es tan difícil como quizás usted se lo haya imaginado, especialmente ahora que sabe más acerca del lenguaje y de la manera en que las palabras se pueden usar para sugerir ideas.

Técnicas adquiridas

- Escuche cuidadosamente a la gente. ¿Existen algunas veces en que ellos sugieren cosas sin necesidad de decirlas directamente? ¿Hay algunas veces en que usted usa la sugestión para comunicar sus ideas? ¿Cómo lo hace? Esté al tanto de como usted y otras personas usan el lenguaje indirecto y la sugerencia para comunicar mensajes.

- Escriba un párrafo sin oración temática. Usted debe tener una noción clara de la idea principal antes de escribir, y debe cerciorarse de que sus oraciones usen un lenguaje que ayude a sus lectores a comprender su idea principal. Por ejemplo, piense, pero no lo escriba, en una oración temática acerca del tipo de persona que es usted. Luego, escriba unas cuantas oraciones que apoyen con el lenguaje su oración temática para guiar a que sus lectores lleguen a la conclusión correcta. Quizás quiera mostrar su párrafo a sus colegas para ver si pueden inferir la idea principal correcta.

17 ▶ Determinar causas y predecir efectos

RESUMEN DE LECCIÓN

La lección de hoy se enfoca en la manera en que se determina causa y efecto cuando están solamente sugeridos y no explícitamente expuestos.

¿**A**LGUNA VEZ USTED se ha arrepentido de "decir las cosas tales y cómo son"? A menudo uno no puede decir lo que realmente quiere o piensa, pero, al igual que los escritores, uno puede comunicar sus ideas a través de la sugerencia o la inferencia.

Esta lección se enfoca en dos tipos de sugerencia específicos. Una causa es la persona o cosa que hace que algo pase o que produce un efecto. Un efecto es el cambio que ocurre como resultado de alguna acción o causa. La causa nos dice por qué algo ha pasado; el efecto nos dice qué ha pasado después de la causa (o serie de causas).

▶ Determinar causas implícitas

Para entender cómo se puede determinar causas que son implícitas y no expuestas, vea el corto párrafo de ficción que sigue. Léalo cuidadosa y activamente. Luego, haga sus observaciones y vea si puede usar las señas del autor para determinar por qué los personajes están peleando.

Ann tensed when she heard the keys jingle in the door. She waited at the kitchen table; she knew Jim would check the kitchen first. She took a deep breath, thought again about what she would say, and waited.

A moment later, Jim stepped into the kitchen. She watched as his mouth started to form the word "hello" but then changed abruptly when he saw that last night's dishes were still piled high in the sink. His handsome face hardened with anger. Pointing a calloused finger at the perilously stacked dishes, he said calmly, coldly, "What are those filthy things still doing in the sink?"

"I haven't gotten to them yet," she replied, equally cold.

"How many times have I told you I want this house clean when I come home?"

"Oh, every day. You tell me every blessed day. In fact, you tell me every day exactly what I should do and how I should do it. Do you think that just because you married me you own me?"

"I do own this house, that's for sure. And I want my house clean!" he shouted.

"Then hire a maid," she said sarcastically.

"What?"

"You heard me. Hire a maid. That is, if you can find one who can stand to work for someone who is never satisfied."

Observe cuidadosamente el diálogo entre estos dos personajes. ¿Qué se dicen el uno al otro? ¿Cómo lo dicen? ¿Qué otras señales pueden ayudarle a entender las causas del conflicto? Anote sus observaciones y contesta las preguntas que siguen.

Sus observaciones:

Ejemplo: *I noticed that Ann was in the kitchen waiting for Jim as if she had planned this confrontation.*

1. Why did Jim get angry?
   a. because Ann didn't get up to meet him at the door
   b. because he'd had a bad day at work
   c. because Ann didn't do the dishes

2. Why didn't Ann do the dishes?
   a. because she didn't have time to do them
   b. because she wanted to start a fight
   c. because she was too lazy

3. Why is Ann angry at Jim?
   a. because he didn't say hello when he walked in
   b. because he is impossible to please
   c. because they don't have a maid to do the housework

Respuestas

1. c. Se puede observar que Jim está molesto porque Ann no lavó los platos; cuando él ve los platos en el fregadero su cara "hardens in anger." También se puede notar que está enojado por los platos sucios cuando le pregunta a Ann, "What are those filthy things still doing in the sink?" El tono de su voz— "calmly, coldly"—indica que está muy enojado y trata de controlar su furia. Además, indica que quiere ver su casa limpia cuando regres. Entonces, puede asumir sin riesgos que sigue enojado porque los platos están sucios.

2. b. A pesar de que Ann diga que no pudo lavar los platos (respuesta a), el hecho de que está sentada a la mesa indica que algo más está sucediendo. Evidentemente, Ann ha planeado esta confrontación ya que ella está "wait[ing] at the kitchen table," esperando a que Jim llegue a casa. El pasaje dice también que Ann "thought *again* about what she would say, and waited." Indica que ha estado pensando cómo encarar a Jim cuando él vea que ella no ha lavado los platos.

3. b. Se puede notar que Ann está enfadada porque ella cree que a Jim no se le puede complacer con nada: "Oh, every day. You tell me every blessed day. In fact, you tell me every day exactly what I should do and how to do it." El tono de su respuesta denota enojo; ella está cansada que le diga qué tiene que hacer. Ella aun le reta a que se consiga una empleada "who can stand to work for someone who is never satisfied." Estas señas nos muestran que Jim es una persona a quien es difícil complacer.

Una mirada a los efectos

Claramente, en el pasaje anterior, Ann tuvo en su mente cierto efecto ya que decidió no lavar los platos: quería una pelea. Ahora, a base de lo que ha podido observar de esta pareja, responda a la pregunta siguiente acerca del efecto que quizás Ann buscara.

4. In provoking a confrontation, Ann most likely hoped that Jim would
  a. do the dishes himself for once.
  b. hire a maid to help her take care of the house.
  c. become less demanding and more appreciative.

La mejor respuesta es **c**, que ella quiere que Jim sea menos exigente y más apreciativo. Podemos decir que quiere que Jim sea menos exigente cuando dice, "you tell me every day exactly what I should do and how I should do it. Do you think that just because you married me you own me?" Podemos decir que ella quiere que Jim sea más apreciativo cuando dice, "That is, if you can find someone who can stand to work for someone who is never satisfied."

Ahora, una pregunta final acerca de Ann y Jim: Tomando en cuenta lo que sabemos de estos dos personajes, ¿cree usted que se cumpla el deseo de Ann? ¿Por qué o por qué no? Escriba su respuesta en el espacio que siguiente.

La suposición más lógica es que Ann no obtenga su deseo. Pese a que esta pelea pueda ser la causa de otras discusiones que puedan ayudar a esta pareja a resolver sus problemas, el pasaje indica que sus problemas son muy profundos. Es más probable que una confrontación no vaya a llevarlos a una resolución.

► Determinando los efectos implícitos

Lea con cuidado este comentario sobre un empleado y su futuro en la compañía donde trabaja. Usa las declaraciones para pronosticar como la crisis económica le afectará:

Without fail, William arrives late to work, around 9:45. The rest of the employees show up promptly at nine. He always has an excuse— train never came, alarm clock broke—and still takes a good 20 minutes to settle down and work. As if that weren't enough, he seems incapable of ever putting on a tie; our office is pretty formal, and somehow he shows up in leisure wear. He's gotten stern warnings from the bosses, but obviously hasn't been fired. This puzzles all the rest of us. We found out the other day, though, that the company is in some trouble financially. The stock fell several points the other day, and we've posted a big loss for the quarter. The president confirmed our fears: There will be significant firings within the next two weeks. We're all worried, and of course no one wants to be the first to go. They might terminate as much as 25 percent of the employees.

Sobre la base del párrafo, ¿qué efectos pueden ser los resultados más lógicos de los problemas financieros? Encierre en un círculo las oraciones lógicas.

1. The trains will stop running throughout the city.

2. The stock will continue to fall in value for at least two more weeks.

3. William will be fired.

4. The narrator will be fired.

5. William will arrive late to work tomorrow.

6. The company will fire at least 5 percent of its employees.

7. The rest of the employees will arrive to work at 10:00 tomorrow morning.

8. The company will be bought by another, larger company.

Respuestas

Los efectos 3, 5 y 6 son resultados lógicos predecibles. Según lo que ya sabemos de William, y puesto que la compañía despedirá a una porción grande de sus empleados, es casi seguro que será uno de los que perderán sus trabajos (#3). Además, según el patrón pasado, podemos suponer que William se vestirá mañana como siempre (#5). En cuanto al 6, aunque no podemos saber el porcentaje exacto de despedidos, es lógico suponer que, si la crisis afectará hasta 25 por ciento, afectará bastante más de 5 por ciento (#6).

Pero no tenemos evidencia que apoye los otros resultados hipotéticos. Aunque es posible que continúe la crisis y que la compañía se devalúe, no es cierto. Y aunque es posible—quizás probable—que despedirá al narrador mismo, no podemos decidir concretamente ya que no sabemos nada de su comportamiento, sus habilidades, etc.

▶ Resumen

En una lectura, sobre todo en una lectura literaria, de la misma manera que en la vida real, a menudo hay que resolver las causas de un hecho particular o de una situación ya sucedido. Lo propio es cierto para los efectos: en la lectura y la vida real, uno tiene que pasar mucho tiempo tratando de predecir los resultados de acciones o eventos reales o pronosticados. Si usted "lee entre las líneas," sin haber ido más allá de lo que el párrafo (o el evento de la vida real) contiene, usted puede, por lo general, hacer un buen trabajo pronosticando estas causas y efectos.

Técnicas adquiridas

■ Lea un artículo del periódico que discut un evento actual, por ejemplo una elección, un accidente de tren o un escándalo politico. ¿Qué efectos puede pronosticar como resultado de este suceso? Trate de elaborar por lo menos tres predicciones basadas en lo que usted ha leído.

18 ▶ Identificar la significación de la literatura

RESUMEN DE LECCIÓN

La mayoría de la gente tiene miedo de hacer lecturas literarias—historias, poemas, obras de teatro—especialmente si tienen que responder a preguntas acerca de ellas, como en un examen para el colegio o la universidad. Pero ahora que usted sabe como encontrar la idea principal implícita, también puede encontrar el tema o la idea principal de un trabajo o texto literario. Para demostrarle cómo se hace, en esta lección trabajaremos con la poesía.

Sí, ES HORA DE HABLAR de la literatura. Como mucha gente, quizás estés intimidado. Esto es algo común; después de todo, en literatura (novelas, poemas, historias y obras de teatro) los autores no salen directamente a decirnos lo que quieren comunicar. Pero, como usted fue capaz de encontrar la idea principal implícita en un pasaje sin oración temática, de la misma manera puede buscar las señas dejadas por el autor para encontrar el tema (la idea principal) de cualquier trabajo literario. Solo necesita leer entre las líneas para encontrar el significado.

Es probable que usted recuerde la palabra *theme* de sus clases de literatura del colegio. Quizás la recuerde con un poco de confusión o miedo. No es tan complicado como se lo imagina.

El encontrar el tema de un trabajo literario se asemeja al encontrar la idea principal de un párrafo. Así como la idea principal es más que el sujeto de un párrafo o un pasaje, el tema en un trabajo literario es complejo. Es decir que el tema es el mensaje o idea general que un trabajo literario expresa. Por ejemplo, quizás pueda deducir del título que el sujeto del poema de John Donne, "Death Be Not Proud," es la muerte. Sin embargo, el tema no es solamente "la muerte," sino lo que la muerte es un regalo de Dios si uno cree en él.

Como no hay bastante tiempo en esta lección corta para estudiar el tema de un cuento, una novela o una obra de teatro, esta lección presentará algunos poemas. No se asuste: El leer poesía es realmente como el leer cualquier otro texto, aunque tenga que leer más cuidadosamente y basarse más en su sentido de observación. En un poema encontrará el tema al igual que lo pudo encontrar en otras clases de escrituras, observando las señales de lo que pasa y en las palabras que el escritor usa para describir lo que sucede.

▶ Cómo la acción transmite el tema

Primeramente observe un ejemplo de cómo la acción—lo que sucede en ella—le conduce a entender el tema.

Pasaje de práctica 1

Lea la poema siguiente del libro *Songs of Experience* de William Blake, publicado en 1794. Léalo en voz alta porque la poesía debe ser escuchada así como léida. Léala otra vez con un bolígrafo en mano: Lea activamente, haciendo obervaciones y anotando sus comentarios al margen de la página. Luego, conteste las oraciones que siguen.

A Poison Tree

I was angry with my friend;
I told my wrath, my wrath did end.   *wrath = anger*
I was angry with my foe: *foe = enemy*
I told it not, my wrath did grow.

And I water'd it in fears,
Night & morning with my tears;
And I sunned it with smiles,
And with soft deceitful wiles.   *wiles = trickery, deceit*

And it grew both day and night,
Till it bore an apple bright;
And my foe beheld it shine,
And he knew that it was mine.

And into my garden stole
When the night had veil'd the pole: *veiled = concealed*
In the morning glad I see
My foe outstretch'd beneath the tree.

¿Qué pasó?

Para entender el tema del autor, necesita observar cuidadosamente lo que pasó y por qué ha pasado. Vea cada una de las estrofas siguientes (una estrofa es un "párrafo" poético; cada estrofa de este poema es de cuatro líneas) para seguir la acción del poema.

¿Qué pasa en la primera estrofa?

1. The speaker was angry with
   a. a friend.
   b. a foe.
   c. his friend and his foe.

2. How did the speaker handle his anger toward his friend?
   a. He told his friend about it and it went away.
   b. He kept it to himself and it grew.
   c. He kept it to himself and it went away.

3. How did the speaker handle his anger toward his foe?
   a. He told his friend about it and it went away.
   b. He kept it to himself and it grew.
   c. He kept it to himself and it went away.

Seguramente, y sin mucho problema, usted ha podido encontrar las respuestas: 1. **c**, 2. **a**, 3. **b**.

Ahora observe la segunda estrofa. La clave para entender esta estrofa es saber a qué se refiere "it." Lea de nuevo y con cuidado las primera y segunda estrofas para poder responder a la pregunta siguiente:

4. *It* refers to
   a. tears.
   b. smiles.
   c. wrath.

"Wrath" es lo último que se menciona en la primera estrofa, de manera que "wrath" es la cosa a la cual "it" se refiere.

La segunda estrofa nos dice que el narrador "water'd" it (su rabia) con temores y "sunned" it con sonrisas y engaños. ¿Cómo puede ser? ¿Se puede literalmente diluir con agua (water) e iluminar nuestra furia (anger)? No, pero el narrador no habla literalmente. Al contrario, usa lenguaje figurado. Como el símil que pudimos observar anteriormente cuando nos referimos a Mr. B al comparar sus ojos con cuchillos y su bigote con el de Hitler, esta estrofa usa la metáfora (metaphor)—una comparación que no usa las palabras *like* o *as*—para comparar la furia del narrador con algo que crece con el agua y el sol. Ahora que ya tiene estas señas (y la mejor de las señas, el título del poema), ¿con qué exactamente está el narrador comparando su furia?

5. The speaker compares his wrath to
   a. a flower.
   b. a tree.
   c. the sun.

Naturalmente la respuesta es **b**, "a tree." El título lo revela. Adeniás, un árbol es la única planta que

podría producir "an apple bright," como en la primera estrofa.

¿Qué más pasa en la tercera estrofa?

6. In the third stanza, the foe
   a. grows his own apple.
   b. shines the speaker's apple.
   c. sees the speaker's apple.

La respuesta es **c**, que el enemigo ve la manzana del narrador ("my foe beheld it shine").

Y, finalmente, ¿qué pasa en la cuarta estrofa? Esta estrofa es un poco más difícil que las demás porque en ella pasa algo que no se expresa claramente. Usted sabe que el enemigo se mete en el jardín del narrador ("And into my garden stole"), pero ¿qué más pasa?

El poema no lo dice directamente, pero se puede adivinar. El narrador tenía una manzana; usted sabe que esta manzana creció en un árbol y que este árbol es una metáfora que expresa el enojo del narrador. También sabe que el poema se llama "A poison tree." Usted lee en la cuarta estrofa que, en la mañana, el narrador encuentra que su enemigo "outstrech'd beneath the tree." ¿Qué puede concluir?

7. At the end of the fourth stanza, the foe
   a. is waiting to ambush the speaker and kill him with the apple.
   b. has been killed by the apple he stole because it was poisonous.
   c. is waiting to share the apple with the speaker.

¿A qué respuesta se suman sus claves? La única que puede ser correcta es **b**. El narrador estaba enojado; el árbol (así como la manzana) era venenoso. Usted sabe que al ver la manzana el enemigo entró a escondidas en el jardín del narrador. Aparentemente él comió la manzana porque ahora se encuentra extendido debajo del árbol. Usted también se ha podido dar cuenta de que el narrador se alegra de que su enemigo se encuentre de esa manera—él se alegra de verlo muerto.

¿Qué significa?

Bueno, eso es lo que pasó en el poema. Pero ¿qué significa todo eso?

Observe la acción de nuevo. Lo que el narrador hizo fue contarle a su amigo su furia. Lo que el narrador no hizo fue decírselo a su enemigo. Los resultados de la acción e inacción del narrador son señas para que usted descifre en su totalidad el significado y el tema del poema.

8. Which of the following best summarizes the theme of the poem?
   a. Don't steal; it can kill you.
   b. Choose your enemies carefully.
   c. If you don't talk about your anger, it can be deadly.

Antes de seguir, piense de nuevo en su respuesta. Como idea principal, el tema debe ser suficientemente general para cubrir el trabajo entero, no sólo parte del mismo. ¿Cubre la respuesta que usted escogió el poema entero y no sólo parte del mismo?

Usted debe haber escogido la respuesta c, ya que es la idea que resume el mensaje o la lección del poema. En las dos primeras líneas, la furia del narrador desaparece cuando habla acerca de ella, pero no habló acerca de su furia con su enemigo. Al contrario, la dejó crecer hasta que llegó a ser letal y mortal.

▶ Como el lenguaje denota emoción

Muy a menudo, además de cubrir un tema, los poemas usan también un fuerte lenguaje para poder crear una fuerte imagen o emoción. Después de observar cómo los poetas usan el lenguaje para expresar una emoción o una imagen, estará listo para poner en práctica su entendimiento de la acción y del lenguaje para poder entender el mensaje del poema.

Pasaje de práctica 2

Lea el poema siguiente del escritor británico Alfred Lord Tennyson como ejemplo del poder comunicativo del lenguaje y cómo se puede lograr a través de una imagen o idea. Lea en voz alta, dos veces, el poema "The Eagle"—recuerde que la poesía tiene que ser no sólo escuchada sino también vista. Luego, marque el poema y anote sus observaciones al margen de la página.

The Eagle

He clasps the crag with crooked hands;   *crag = steep*
Close to the sun in lonely lands,   *or rugged rock*
Ringed with the azure world, he stands.   *azure =*
                                          sky blue

The wrinkled sea beneath him crawls;
He watches from his mountain walls,
And like a thunderbolt he falls.

El sonido de las palabras

¿Qué pudo notar acerca del lenguaje de estas palabras? ¿Pudo notar la rima en cada estrofa?—*hands, lands, stands* and *crawls, walls, falls*? ¿Se dio cuenta de la repetición del sonido de la "k" en *clasps, crag* y *crooked*? Esta repetición de sonidos (especialmente al comienzo de cada palabra) se llama aliteración (*alliteration*).

9. Which other line of this poem uses alliteration?
   a. line 2
   b. line 3
   c. line 6

La respuesta es línea 2, que repite el sonido *l* en "*lonely lands*."

Lenguaje figurativo

Usted seguramente ha podido notar otra estrategia poética utilizada en este poema. En la línea 1, el poeta nos dice que el águila ("he") "claps" la roca "with crooked hands." ¿Tienen manos las águilas? No, no las tienen; pero Tennyson les da a estas aves características humanas. Cuando se dan características humanas a un animal, o cuando a un objeto inanimado (como una piedra, por ejemplo) se dan cualidades animadas (humanas o animales); esto se llama *personification* (personificación).

10. Which other line of this poem uses personification?
   a. line 2
   b. line 4
   c. line 6

El otro ejemplo de personificación se encuentra en la línea 4, enque el mar "crawls" como un bebé o una tortuga.

A continuación, una prueba de aprendizaje:

11. Line 6, *And like a thunderbolt he falls*, uses which of the following poetic devices?
   a. personification
   b. simile
   c. irony

Esta línea usa **b**, un símil que compara el águila con un rayo. ¿Cuál es el efecto de esta comparación?

12. The comparison of the eagle to a thunderbolt makes the reader think of the eagle as
   a. a weak, timid creature
   b. an unpredictable creature
   c. a powerful, fast creature

Como todos los buenos símiles, esta comparación crea una imagen vívida que no sólo nos ayuda a visualizar el vuelo del águila, sino también nos dice algo acerca de su naturaleza al compararla con la fuerza increíble que tiene un rayo. El águila, sugiere este símil, es tan poderosa, tan rápida, tan peligrosa— e imposible de cazar—como un rayo. En breve, debemos estar sorprendidos de un águila así como nos sorprende un rayo—y ese sentimiento, más que una idea, es lo que podemos llamar el tema, es decir lo que el poema quiere comunicar.

▶ Acción + Lenguaje = Tema

En este último poema del escritor indio Sri Chimnoy, vea si usted puede determinar el tema del mismo a través de la acción y del lenguaje (dicción, estilo, y tono). Como antes, comience por leer el poema cuidadosamente, primero en voz alta y luego con un bolígrafo en la mano.

Practique el pasaje 3

Hope
Sweet is my hope.
Pure is the life of my hope.
With my sweet hope
I try to reach the higher worlds.
With my pure hope
I try to fathom my inner worlds.
But alas,
In neither way do I succeed.
I fail,
I miserably fail.

13. Which sentence best summarizes the theme of this poem?

   a. Everyone is doomed to lead a life of failure and misery.

   b. Higher worlds and inner worlds are difficult to understand or ever directly experience.

   c. Being sweet is better than being pure.

La major respuesta es **b**. Este poema se organiza por la contradicción entre la esperanza de conocer otros mundos espirituales y la realidad de nunca poder hacerlo. Pero esta contradicción no quiere decir que la vida sea solamente feliz o solamente triste, sino que la "vida" como la entendemos se constituye gracias a esta tensión central. La retos con que nos enfrentamos a través de la vida son difíciles, pero continuamos viviendo para descubrir y saber—y esperar—más.

14. Which of the following best describes the tone of this poem?

   a. excited and energetic

   b. threatening and confrontational

   c. reflective and resigned

El hecho de que el poeta jamás logra lo que espera y contempla hace que concluya el poema como "failure"—de ningún modo "excited" o "energetic." Es un poema de reflexión sobre la condición humana; "resigned" quiere decir que el poeta ha aceptado o reconocido la realidad, por frustrante que sea.

▶ Resumen

El leer poesía no fue tan atento difícil, ¿verdad? Si es un lector activo, al lenguaje usado por el poeta, puede disfrutar de las emociones e imágenes creadas a través de las palabras, y también entender el tema del poema. Si puede hacer esto para poemas, ciertamente puede hacerlo para cuentos, novelas y obras de teatro.

Técnicas adquiridas

- Por su cuenta, lea hoy un poema. Vea si puede leer entre las líneas y determinar su tema.
- Lea un cuento. Para determinar su tema, aplique las técnicas que usó para determinar el tema de un poema.

19 ▶ Obtener resultas: ponerlo todo en práctica

RESUMEN DE LECCIÓN

Esta lección cubre todo lo que ha estudiado sobre la lectura y la comprensión a través de un repaso de lo que ha aprendido hasta ahora.

USTED SE ENCUENTRA CASI al final del libro. Si ha estado practicando una lección cada semana, ha pasado un mes apoyando su habilidad de lectura. ¡Felicidades! Para darle la oportunidad de practicar todo lo que aprendido, esta lección usa un pasaje más largo que aquéllos que ha leído hasta la fecha. A continuación, hay un breve resumen de lo que usted ha aprendido desde la última lección de repaso:

- **Lección 16: Encontrar la idea principal implícita.** Para poder determinar la idea principal, practicó el uso de señas o claves en la estructura, el lenguaje y el estilo, al igual que los hechos mismos del pasaje.
- **Lección 17: Entender causas y efectos implícitos.** Para determinar las causas y hacer predicciones de los efectos, aprendió a leer entre las líneas.
- **Lección 18: Encontrar el tema en textos literarios.** Usted puso en práctica sus habilidades de detective para poder encontrar la idea principal implícita en la estructura, el lenguaje, el estilo y/o la acción de trabajos literarios.

Si algunos de estos términos o estrategias no le suenan familiares, PARE AQUI. Por favor tome unos minutos para repasar cualquier lección que no esté clara.

▶ Practique

Hoy practicará todas las técnicas descritas anteriormente en combinación con las técnicas introducidas al comienzo de este libro:

- Encontrar los hechos
- Determinar la idea principal
- Determinar el significado de palabras desconocidas
- Distinguir entre hecho y opinión
- Orden cronológico
- Orden de importancia
- Causa y efecto
- Comparación y contraste
- Punto de vista
- Dicción
- Lenguaje y estilo
- Tono

Si esto le parece un trabajo monumental, no se preocupe; no lo es. Ya ha dominado algunas de estas tácticas y debe sentirse cómodo con las otras. Seguramente estará sorprendido de lo fácil que será este ejercicio.

Pasaje de práctica

¿Está listo? Lea el ensayo siguiente. Recuerde: lea activamente y haga observaciones en el espacio provisto en la página siguiente. Conteste las oraciones que siguen. Esto le dará la oportunidad de ver hasta qué nivel se han desarrollado sus tácticas de lectura.

Although many companies offer tuition reimbursement, most companies only reimburse employees for classes that are relevant to their position. This is a very limiting policy. A company that reimburses employees for all college credit courses—whether job related or not—offers a service not only to the employees, but to the entire company.

One good reason for giving employees unconditional tuition reimbursement is that it shows the company's dedication to its employees. In today's economy, where job security is a thing of the past and employees feel more and more expendable, it is important for a company to demonstrate to its employees that it cares. The best way to do this is with concrete investments in them.

In turn, this dedication to the betterment of company employees will create greater employee loyalty. A company that puts out funds to pay for the education of its employees will get its money back by having employees stay with the company longer. It will reduce employee turnover, because even employees who don't take advantage of the tuition reimbursement program will be more loyal to their company just knowing that their company cares enough to pay for their education.

Most importantly, the company that has an unrestricted tuition reimbursement program will have higher-quality employees. Although these companies do indeed run the risk of losing money on employees who go on to another job in a different company as soon as they get their degree, more often than not the employee will stay with the company. And even if employees do leave after graduation, it generally takes several years to complete any degree program. Thus, even if the employee leaves upon graduating, throughout those years the employer will have a more sophisticated, more intelligent, and, therefore, more valuable and productive employee. And, if the employee stays, that education will doubly benefit the company: Not only is the employee more educated, but now that employee can be promoted so the company doesn't have to fill a high-level vacancy from the outside. Open positions can be filled by people who already know the company well.

Though unconditional tuition reimbursement requires a significant investment on the employer's part, it is perhaps one of the wisest investments a company can make.

Sus observaciones

Apunte sus observaciones sobre el pasaje en el espacio que sigue.

Preguntas

1. According to the passage, unconditional tuition reimbursement is good for which of the following reasons?
   a. Employees get a cheaper education.
   b. Employees become more valuable.
   c. Employees can find better jobs.

2. How, according to the passage, will unconditional tuition reimbursement reduce employee turnover?
   a. by making employees more loyal
   b. by paying employees more money
   c. by promoting education

3. The first sentence of the passage, "Although many companies offer tuition reimbursement, most companies only reimburse employees for classes that are relevant to their position," is
   a. fact.
   b. opinion.

4. The second sentence of the passage, "This is a very limiting policy," is
   a. fact.
   b. opinion.

5. This passage is organized according to which of the following strategies? (Mark all that apply.)
   a. chronological order
   b. order of importance
   c. cause and effect
   d. compare and contrast

6. The point of view used in this passage is the
   a. first person point of view.
   b. second person point of view.
   c. third person point of view.

7. The writer most likely chose this point of view because
   a. the writer is describing a personal experience.
   b. it enables readers to identify with the situation.
   c. its objectivity encourages the reader to take the writer's ideas seriously.

8. The writer most likely uses the word *wisest* in the last sentence, rather than words such as *profitable*, *practical*, or *beneficial*, because

  a. wisdom is associated with education, the subject of the essay.

  b. the writer trying to appeal to people who are already highly educated.

9. Which of the following words best describes the tone of this essay?

  a. playful

  b. optimistic

  c. insincere

10. The passage suggests that, compared to employees of companies that offer unconditional tuition reimbursement, employees of companies that do not offer this benefit are

  a. less loyal.

  b. more likely to be promoted.

  c. not as smart.

11. *Expendable* (paragraph 2) most nearly means

  a. expensive.

  b. flexible.

  c. replaceable.

12. The writer appeals primarily to the reader's

  a. emotions.

  b. sense of logic.

13. The main idea of the passage is that

  a. companies should reimburse employees for work-related courses.

  b. both companies and employees would benefit from unconditional tuition reimbursement.

  c. companies should require their employees to take college courses.

Respuestas

1. b. La idea de que los empleados llegarán a ser más valiosos si toman algunos cursos se expresa en el cuarto párrafo: "Thus . . . the employer will have a more sophisticated, more intelligent, and, therefore, more valuable and productive employee."

2. a. La idea de que los empleados van a ser más leales se expresa en el tercer párrafo: "A company that puts out funds to pay for the education of its employees will get its money back by having employees stay with the company longer. It will reduce employee turnover because even employees who don't take advantage of the tuition reimbursement program will be more loyal. . . ."

3. a. La oración es un hecho que usted puede verificar a través de una encuesta a compañías para ver si tienen reglas para el reembolso de matrícula.

4. b. La oración es una opinión; demuestra cómo se siente el autor con respecto a las reglas.

5. b, c. El autor enumera las maneras, de la más a la menos importante, en que las compañías pueden beneficiarse al tener reembolso incondicional de matrícula.

6. c. Aquí no existe ni *I* ni *you*. El autor no se dirige directamente ni a ella ni al lector. En lugar de eso todo se expresa desde el punto de vista de una tercera persona.

7. c. Con seguridad, el autor usa el punto de vista de una tercera persona ya que es objetivo; y lo más probable es que su argumento sea tomado en serio. Si el autor hubiera usado la primera persona, lo más problable es que los lectores hubieran creído que era un empleado más y que quería que la matrícula de sus estudios fueran pagados por la compañía.

8. a. Al usar una palabra asociada con la educación, el autor enfatiza la importancia de la educación para la compañía.

9. b. El pasaje describe solamente los efectos positivos del reembolso incondicional; casi no hay ninguna palabra negativa.

10. a. Si los empleados de compañías que ofrecen reembolso incondicional por el costo de una matrícula son más leales hacia sus compañías (vea el segundo y el tercer párrafos), es lógico que otros empleados sean menos leales porque sus compañías no demuestran bastante interés en su mejoramiento.

11. c. La mejor seña de que *expendable* significa *replaceable* es que el autor use la palabra inmediatamente después de decir que la seguridad de un trabajo es algo del pasado, es decir que los trabajadores no se sienten importantes ni valiosos para una compañía que puede prescindir de ellos en cualquier momento dado.

12. b. Hay una razón o sentido común detrás del argumento de cada autor. Ciertamente, hay poco o casi nada de sentimiento emocional en este pasaje.

13. b. Esta idea principal se expresa explícitamente en la última oración del primer párrafo (un buen lugar para encontrar la idea principal de un pasaje tan largo como éste) y se reitera al final del pasaje.

¿Cómo fue? Si contestó todas las preguntas correctamente, ¡felicidades! Buen trabajo. Si usted no contestó unos cuantos, quizás quiera tomar algún tiempo para repasar las lecciones correspondientes.

SI USTED NO CONTESTÓ:	ESTUDIE:
Pregunta 1	Lección 1
Pregunta 2	Lección 1
Pregunta 3	Lección 4
Pregunta 4	Lección 4
Pregunta 5	Lecciónes 6–10
Pregunta 6	Lección 11
Pregunta 7	Lección 11
Pregunta 8	Lección 12
Pregunta 9	Lección 14
Pregunta 10	Lecciónes 16 y 17
Pregunta 11	Lección 3
Pregunta 12	Lección 14
Pregunta 13	Lección 2 y 16

▶ ¡Felicidades!

Ha completado las 19 lecciones y su habilidad de lectura se ha mejorado. Si se está preparando para un examen estandarizado, vea el apéndice, que contiene sugerencias para la preparación para esa clase de exámenes.

Ahora es el momento en que usted se recompense por un trabajo bien hecho. ¡Cómprese un buen libro y disfrute de la lectura!

Evaluación final ▶

DESPUÉS DE HABER CONSAGRADO tiempo a mejorar su lectura y comprensión, tome esta post-prueba para determinar cuánto ha aprendido. Si tomó la prueba inicial al comienzo de este libro, ahora tiene una buena oportunidad de comparar lo que sabía al comenzar con lo que sabe ahora.

Cuando termine esta prueba, evalúese a sí mismo y compare los resultados con los de la prueba inicial. Si ahora obtiene un puntaje más alto que en la prueba inicial, ¡felicidades!—se ha aprovechado mucho del trabajo. Si su nuevo puntaje demuestra un poco de mejoramiento, quizás tenga que revisar algunos capítulos. ¿Se puede dar cuenta de alguna característica común entre sus repuestas incorrectas? Cualquiera que haya sido su puntaje, mantenga este libro a mano como referencia cuando necesite sugerencias sobre cómo leer más efectivamente.

En la próxima página hay una hoja de respuestas para llenar con las repuestas correctas. Si prefiere, sólo marque en un círculo las repuestas. Si el libro no es suyo, anote en otra hoja los números de 1–50 y ponga sus respuestas allí. Tómese el tiempo que necesite para esta prueba. Una vez que termine, compare sus respuestas con aquéllas que siguen este examen. Cada respuesta le dice qué lección del libro le enseñará las estrategias de lectura para esa pregunta.

1.	ⓐ	ⓑ	ⓒ	ⓓ	21.	ⓐ	ⓑ	ⓒ	ⓓ	41.	ⓐ	ⓑ	ⓒ	ⓓ
2.	ⓐ	ⓑ	ⓒ	ⓓ	22.	ⓐ	ⓑ	ⓒ	ⓓ	42.	ⓐ	ⓑ	ⓒ	ⓓ
3.	ⓐ	ⓑ	ⓒ	ⓓ	23.	ⓐ	ⓑ	ⓒ	ⓓ	43.	ⓐ	ⓑ	ⓒ	ⓓ
4.	ⓐ	ⓑ	ⓒ	ⓓ	24.	ⓐ	ⓑ	ⓒ	ⓓ	44.	ⓐ	ⓑ	ⓒ	ⓓ
5.	ⓐ	ⓑ	ⓒ	ⓓ	25.	ⓐ	ⓑ	ⓒ	ⓓ	45.	ⓐ	ⓑ	ⓒ	ⓓ
6.	ⓐ	ⓑ	ⓒ	ⓓ	26.	ⓐ	ⓑ	ⓒ	ⓓ	46.	ⓐ	ⓑ	ⓒ	ⓓ
7.	ⓐ	ⓑ	ⓒ	ⓓ	27.	ⓐ	ⓑ	ⓒ	ⓓ	47.	ⓐ	ⓑ	ⓒ	ⓓ
8.	ⓐ	ⓑ	ⓒ	ⓓ	28.	ⓐ	ⓑ	ⓒ	ⓓ	48.	ⓐ	ⓑ	ⓒ	ⓓ
9.	ⓐ	ⓑ	ⓒ	ⓓ	29.	ⓐ	ⓑ	ⓒ	ⓓ	49.	ⓐ	ⓑ	ⓒ	ⓓ
10.	ⓐ	ⓑ	ⓒ	ⓓ	30.	ⓐ	ⓑ	ⓒ	ⓓ	50.	ⓐ	ⓑ	ⓒ	ⓓ
11.	ⓐ	ⓑ	ⓒ	ⓓ	31.	ⓐ	ⓑ	ⓒ	ⓓ					
12.	ⓐ	ⓑ	ⓒ	ⓓ	32.	ⓐ	ⓑ	ⓒ	ⓓ					
13.	ⓐ	ⓑ	ⓒ	ⓓ	33.	ⓐ	ⓑ	ⓒ	ⓓ					
14.	ⓐ	ⓑ	ⓒ	ⓓ	34.	ⓐ	ⓑ	ⓒ	ⓓ					
15.	ⓐ	ⓑ	ⓒ	ⓓ	35.	ⓐ	ⓑ	ⓒ	ⓓ					
16.	ⓐ	ⓑ	ⓒ	ⓓ	36.	ⓐ	ⓑ	ⓒ	ⓓ					
17.	ⓐ	ⓑ	ⓒ	ⓓ	37.	ⓐ	ⓑ	ⓒ	ⓓ					
18.	ⓐ	ⓑ	ⓒ	ⓓ	38.	ⓐ	ⓑ	ⓒ	ⓓ					
19.	ⓐ	ⓑ	ⓒ	ⓓ	39.	ⓐ	ⓑ	ⓒ	ⓓ					
20.	ⓐ	ⓑ	ⓒ	ⓓ	40.	ⓐ	ⓑ	ⓒ	ⓓ					

La post-prueba consiste en una serie de pasajes con preguntas para evaluar su poder de comprensión.

Statement by Senator Alan Cranston before the Senate Energy and Natural Resources Committee Subcommittee on Public Lands, National Parks and Forests in support of Senate Bill 7, the California Desert Protection Act, July 21, 1987 (excerpt)

Mr. Chairman, last April and May, I made two trips to the California Desert with a group of naturalists, environmentalists, and scientists to look at some of the areas described in our legislation. We camped out on the desert floor. We hiked mountains. We trekked up and through narrow desert wilderness canyons. We found snakes, lizards, and other animals on huge, wild sand dunes. We looked at recreational sites for ORVs—dune buggies, ATVs, and motorcycles. We saw scores of flowers and plants, including an 11,000-year-old creosote bush, which may be the oldest living organism on the planet Earth. We drove hundreds of miles over dirt and paved roads through Death Valley and Joshua Tree National Monuments. We flew over huge mining operations, water projects, military installations, and miles of farming and ranching lands. We held lizards in our hands and saw nighttime skies of incredible beauty and the myriad stars of endless galaxies.

One sunset we climbed the Eureka Dunes, looming, awesome sand structures that are a miniature ecosystem of incredible complexity. The dunes are surrounded by towering mountain ranges of rugged, stark, and massive igneous rocks whose antiquity and structure bespoke of long-ago geological eons.

Climbing the 8,500-foot Last Chance mountain peak, we saw a sweeping, 360-degree view, the snow-capped Sierra Nevada in the west and, far to the south, Death Valley sink, 280 feet below sea level. The awesome presence of overwhelming time and force surround you in the desert. There is an immense, almost incomprehensible beauty there that attracts people from all over the world, totaling some 16 million visitors a year.

The desert is a land of many uses and many resources. And it is vast enough to support the many varied demands being made upon it—by recreationists, campers, hikers, tourists, military, residents, energy developers, miners, rock hounds, hunters, ranchers, naturalists, scientists, and educators. The desert *can* support all those diverse interests *provided only* that the demands made upon it are in concert with the ecological and economic realities of the region.

... I've made other trips to the desert, but this time I came away more determined than ever to help conserve, protect, and manage these vast natural resources for the greatest number of people and for the greatest good, not just of California, but the nation as a whole; and not just for the immediate gratification of a few, but for the millions in future generations who follow in our footsteps.

Mr. Chairman, this legislation is necessary because of the breach of trust by Secretary Hodel—"Mr. Environment Buster"—in failing to protect the desert. His opposition to our bill is unfortunate but not surprising, considering his record over the past two and one-half years. From the mountains to the deserts, from the oceans to the ozone, Hodel has aided and abetted a creeping destruction, degradation, and devastation of our environment. Hodel closes his eyes to strip mining violations in Kentucky, ignores the problems of acid rain in New England and Canada, pushes oil exploration and drilling in protected sanctuaries of Alaska, condones below-rim tourist flights through the Grand Canyon, and encourages oil companies to rape the beauty and the resources of coasts on both sides of our continent, from California to Massachusetts.

1. In the opening paragraph, Senator Cranston includes several short sentences beginning with the word *we*. What is the most likely purpose of this repeated sentence structure?
   a. to emphasize the Senator's willingness to exert himself
   b. to emphasize how comprehensive the study was
   c. to emphasize the rugged physical nature of the desert landscape
   d. to contrast the natural beauty of the desert with the scars left on the terrain by humans

2. Cranston's description of his visit to the desert is arranged
   a. chronologically, in the order desert sites were visited.
   b. chronologically, with more ancient geological features preceding more recent developments.
   c. by importance, with more significant features listed first.
   d. poetically, according to the impact of the language.

3. Which of the following things is NOT included in Senator Cranston's list of things he saw in the desert?
   a. Death Valley
   b. recreational areas
   c. military installations
   d. Devil's Playground sand dunes

4. Senator Cranston's primary concern is that
   a. the desert be preserved.
   b. private enterprise continue to have access to the desert's resources.
   c. tourists and other recreationists be given greater access to the desert.
   d. access to the desert be cut off entirely so that it can have a chance to heal itself.

5. In describing the actions of Secretary of the Interior Hodel, Cranston creates a portrait of a man who
   a. fails to stand up to the misguided demands of the public at large.
   b. profits financially from the abuse of public resources.
   c. allows and even promotes the ruin of the natural areas under his care.
   d. has a greater interest in protecting forests and seashores than in protecting the desert.

6. By calling Secretary Hodel "Mr. Environment Buster," Senator Cranston is

   a. using a time-honored form of political argument that dignifies his own position on the issues.

   b. resorting to name calling, a lower form of argument that is likely to alienate his political adversaries.

   c. making an objective, unemotional assertion based on his observations of the Secretary's practices.

   d. merely quoting what others say about the Secretary and thereby distancing himself from the opinion.

7. Throughout the passage on Secretary Hodel, Cranston uses all of the following verbs to express his disapproval of the Secretary's practices. Which most heatedly conveys this negative opinion?

   a. to aid and abet

   b. to condone

   c. to rape

   d. to ignore

Summaries of Three Recent Studies on Smoking
The U.S. Centers for Disease Control (CDC)
(excerpt)

The first article, *State-Specific Prevalence of Cigarette Smoking—United States, 1995*, represents the first compilation of adult smoking prevalence rates reported in compliance with the recommendation unanimously voted on by the Council of State and Territorial Epidemiologists to add prevalence of cigarette smoking to the list of conditions designated as reportable by states to the CDC. This study shows more than a twofold variation in state-specific smoking rates. Other findings of the study include the prevalence of current cigarette smoking ranged from 13.2% in Utah to 27.8% in Kentucky. This wide variation shows there is much room for progress in reducing tobacco use and improving tobacco control measures. Only Utah has achieved the national health objective for the year 2000 of reducing the prevalence of cigarette smoking among adults to no more than 15%; this objective has been nearly met in California. The percentage of smokers who smoke every day ranged from 79.7% in New Jersey to 92.9% in Oklahoma. The percentage of every-day smokers who had quit for at least one day in the past year ranged from 32.4% in Georgia to 59.4% in Hawaii.

    The second article, *Cigarette Smoking Before and After an Excise Tax Increase and an Anti-Smoking Campaign—Massachusetts, 1990–1996*, shows that combining a cigarette tax hike with a statewide media campaign markedly reduced cigarette consumption in Massachusetts. Between 1992 and 1996, per-capita cigarette consumption in Massachusetts fell more than three times as fast as in the 48 states not having such a program. Other findings of the study include: Between 1992, the year prior to implementation of the voters' petition, and 1996, per-capita cigarette consumption declined 20% in Massachusetts compared with 16% in California, the only other state with a similar ballot initiative, and 6% in the other 48 states and the District of Columbia. In the period 1990–1992 to 1993–1995, adult smoking prevalence declined at similar rates in Massachusetts (2.2 percentage points) and California (2.7 percentage points) and by about 0.8 percentage points for 41 other states combined (where state-specific prevalence rates were available). The decline in per-capita cigarette consumption in Massachusetts between 1992 and 1996 cannot be attributed to purchases in neighboring states, particularly New Hampshire.

The third article, *Projected Smoking Related Deaths Among Youth—United States*, estimates that unless teen smoking rates are cut immediately, more than 5 million young people under age 18 will die from a smoking-related disease. These deaths could result in almost $200 billion in future health care costs and about 64 million years of life lost for the youth of this nation. The study also found more than 5 million children living today will die prematurely because of a decision they will make as adolescents—the decision to smoke cigarettes. One out of three young people (32%) who become regular smokers will die of a smoking-related disease. More than half (55%) of smokers continue to smoke up to one year before their death.

8. Applying the facts about tobacco-related deaths discussed in the last paragraph to the data on smoking rates in paragraph one, which of the following states is likely to have the lowest mortality rate from smoking in the future?
   a. California
   b. Utah
   c. Kentucky
   d. Hawaii

9. Which state has the highest percentage of smokers who smoke daily?
   a. Oklahoma
   b. New Jersey
   c. Massachusetts
   d. Georgia

10. "This wide variation shows there is much room for progress in reducing tobacco use and improving tobacco control measures." This sentence from paragraph one draws its conclusion from
   a. statistics showing the differences in smoking rates between some states.
   b. a comparative study of anti-smoking efforts made in the various states.
   c. the change in smoking rates observed over the period under study.
   d. the increase in the number of young people using tobacco products.

11. Look again at the sentence quoted in question 10. An alternative way of phrasing this argument would be to say, "This wide variation shows that tobacco control measures have failed." What effect would this alternative wording have on readers?

a. It would reduce their confidence in the author.

b. It would make them question the data, because the conclusion goes against logic.

c. It would make them look more favorably upon the efforts that have been made to date.

d. It would make them look less favorably upon the efforts that have been made to date.

12. What, according to the passage, is the relationship between smoking rates in Massachusetts and in California?

a. Both states have a low incidence of smoking fatalities.

b. Both states saw adult smoking rates decline by 2 percent or more.

c. Both states have reached the 15 percent smoking objective for year 2000.

d. These two states have the lowest percentages of people who smoke.

13. If a writer wished to rely on the statistics provided in this article to make an antismoking argument, what would the most likely conclusion be?

a. Tobacco use can be effectively reduced through excise taxes and antismoking campaigns.

b. Tobacco use cannot be effectively reduced through excise taxes and antismoking campaigns.

c. Tobacco use can be effectively reduced through excise taxes, but not through antismoking campaigns.

d. Tobacco use can be effectively reduced through antismoking campaigns, but not through excise taxes.

14. The final sentence of paragraph two states that reduced smoking in Massachusetts "cannot be attributed to purchases in neighboring states." This statement is presented as

a. an opinion and has logic supporting it.

b. an opinion but has no logic supporting it.

c. a fact and has logic supporting it.

d. a fact but has no logic supporting it.

15. "The study also found more than 5 million children living today will die prematurely because of a decision they will make as adolescents—the decision to smoke cigarettes." This idea from paragraph three could be also briefly stated as: "The study also found more than 5 million children will die prematurely because of a decision they will make as adolescents to smoke cigarettes." If the author wishes to discourage cigarette smoking, which alternative is best, and why?

a. the first, because the more words that are devoted to an argument, the more likely it is to have an impact

b. the first, because the phrase *living today* underscores the tragedy, and because the repetition of the word *decision* drives home the choice involved

c. the second, because it is more direct and to the point

d. the second, because it makes the relationship clearer between the decision and death

"The Weekly Visit"
(short story excerpt)

The requisite visit happened typically on sunny Saturdays, when my child spirits were at their highest and could be most diminished by the cramped interior of her house. My mother, accustomed to the bright, spacious farmhouse that was once Grandma's, seemed no less susceptible to the gloom. She would set her jaw as Grandma described the many ailments attendant on age and would check her watch—an hour being the minimum she expected herself to withstand. Her barely contained impatience and my grandmother's crippling age radiated out around me. We were the women of the Carlson clan, each throbbing with agitation, like concentric, blinking circles on a radar screen.

I would sit at the white-and-red metal table with the pull-out leaves and built-in silverware drawer, cracking almonds. This was the one good thing at Grandma's house, the almonds, which she kept in a green Depression glass bowl. I would lift the lid carefully and try to set it down on the metal table quietly, then attempt to crack the nuts without scattering the shell crumbs. It was not good to draw attention to myself at Grandma Carlson's. Sounding angry, she would call to me in her croupy drawl. When I failed to understand her, she would reach out to me with her palsied, slick, wrinkled hand and shout, "Here!" She would be offering some of her horehound candy, which tasted like a cross between butterscotch and bitter sticks.

There was this lamentable air in the dim house with its itchy mohair furniture and its dark colors, an awareness—Grandma's—underlying the mentholatum, that her age scared her grandkids. I would yearn during the dutiful visit to get outside into the yard, where Grandma had transplanted a few flowers when she moved from the farm. But even the yard, with its overgrown hedges and rusted metal lawn chairs, seemed dreary. When I came back inside, light and air bursting in with me, Grandma, her hair up in a gray bun, would rock a little and smile. I would lean then against my mother's chair, Grandma's fond eyes peering at me, and whisper out of the corner of my mouth, "Mom, can we go?"

16. From the overall context of the passage, it is most likely that the word *lamentable* at the beginning of the third paragraph means
a. laughable.
b. sad.
c. insane.
d. inspired.

17. Which of the following does the radar screen image underscore?
a. the narrator's absorption in gadgets and the modern world
b. the narrator's daydreaming nature
c. the narrator's uneasy sense of herself in the same lineage as her mother and grandmother
d. all of the above

18. In revising this story, the author is considering taking out the reference to "butterscotch and bitter sticks" and instead describing the candy as "bitter with a sweet under-taste." Which is better—the original or this alternative description—and why?
   a. the original, because it leaves the actual taste up to the reader's imagination
   b. the original, because it is more vivid and exact
   c. the alternative, because it is more brief and to the point
   d. the alternative, because it is more vivid and exact

19. Assume this piece is fiction and could have been written from any point of view. What would a switch to third person achieve?
   a. Readers would be somewhat distanced from the narrator's feelings.
   b. The author would have more latitude to express the narrator's feelings.
   c. Readers would be more likely to identify with the feelings expressed.
   d. The grandmother's feelings would become more apparent.

20. In a previous version of this story, the author described the garden as having "lush hedges and quaint metal chairs." Why is it more effective to describe the hedges as "overgrown" and the chairs as "rusted"?
   a. These words add to the sense of age lingering over the place.
   b. These words have a negative connotation, which mirrors the girl's feelings about the visits.
   c. These words make the garden seem like less of an escape than the girl had hoped for.
   d. All of the above reasons apply.

21. Which of the following accurately reflects the comparative attitudes of the characters in this excerpt?
   a. The attitudes of the mother and the daughter are similar.
   b. The attitudes of the grandmother and the mother are similar.
   c. The attitudes of the grandmother and the granddaughter are similar.
   d. The attitudes of the mother and the daughter are dissimilar.

The Wolf and the Crane

A wolf who had a bone stuck in his throat hired a crane, for a large sum, to put her head into his mouth and draw out the bone. When the crane had extracted the bone and demanded the promised payment, the wolf, grinning and grinding his teeth, exclaimed: "Why you have surely already had a sufficient recompense, in having been permitted to draw out your head in safety from the mouth and jaws of a wolf."

22. Following is a list of morals from this and other Aesop fables. Which one is the most likely companion to this fable?
   a. Self-help is the best help.
   b. The loiterer often blames delay on his more active friend.
   c. The greatest kindness will not bind the ungrateful.
   d. In serving the wicked, expect no reward.

Fly-Rights—A Consumer Guide to Air Travel
(excerpt)

If your reservations are booked far enough ahead of time, the airline may offer to mail your tickets to you. However, if you don't receive the tickets and the airline's records show that it mailed them, you may have to go through cumbersome lost-ticket procedures. It is safer to check the telephone directory for a conveniently located travel agency or airline ticket office and buy your tickets there.

As soon as you receive your ticket, check to make sure all the information on it is correct, especially the airports (if any of the cities have more than one) and the flight dates. Have any necessary corrections made immediately.

It's a good idea to reconfirm your reservations before you start your trip; flight schedules sometimes change. On international trips, most airlines require that you reconfirm your onward or return reservations at least 72 hours before each flight. If you don't, your reservations may be canceled.

Check your tickets as you board each flight to ensure that only the correct coupon has been removed by the airline agent.

23. Numbering the paragraphs 1 through 4 as they now appear, choose the option that places them in chronological order.
 a. 2, 3, 4, 1
 b. 3, 1, 2, 4
 c. 3, 2, 1, 4
 d. 1, 2, 3, 4

24. Notice that this manual is written in the second person, employing the *you* pronoun. Considering the purpose of the manual, is this the best choice and why?
 a. Yes, because it avoids the necessity to choose between male and female pronouns.
 b. Yes, because the people who will be doing the traveling are addressed directly.
 c. No, because not all people travel by plane.
 d. No, because it makes readers unnecessarily uncomfortable to be addressed directly.

25. In paragraph 1, as the passage appears here, why is it suggested that you buy your tickets from a "conveniently located" agency or office?
 a. because you can stop on your way to the airport to pick up your tickets
 b. because you can pick your tickets up rather than relying on the mail
 c. because the airlines themselves often make mistakes in issuing tickets
 d. because it is good to support local businesses

26. Which is a possible result of not following the advice offered in the first sentence of paragraph 2?
 a. You might fly into the right city, but the wrong airport.
 b. You might miss your flight, because the date was improperly recorded.
 c. You might not be allowed to board your flight because the name on the ticket doesn't match that on your ID.
 d. Any of the above could happen as a result of not following the advice.

Bear Story

Campers Gene and Marie Marsden took pride in being good citizens when in the wild. While driving the three hundred miles from their home in Colorado to the Green River Lakes area of the Wind River Mountains in Wyoming, they instructed their children in the protocol they'd learned in the bear safety pamphlet put out by the Bridger-Teton Forest Service. The number-one rule was "Don't feed the bears!"—whether intentionally or not. Warning the kids not to go anywhere near a bear, the Marsdens had no problem with the intentional part, but the unintentional part was not as easy to avoid as they thought.

Mr. and Mrs. Marsden did their best to keep a tidy camp. While the bear manual had said to hang all food at least ten feet off the ground and four feet out from the trunk of a tree, they did what all the other people in the nearby public campground were doing and locked their food in their little utility trailer at night. Afraid that the scent of the bait might attract a bear, they even locked up Marie's fishing pole. It was always dark when they went to bed, but they perused the campsite with flashlights, making sure nothing was left out. Taking the recommended precaution of sleeping a hundred yards from where they cooked their food, they kept the car near their tents, unhitched from the trailer, which they left up at the other camp. Before going to bed each night, all of the Marsdens took off the clothes they had worn during the day while eating, replacing them with pajamas that they used only for sleeping. They were careful to lock the dirty laundry in the trailer also. As the pamphlet advised, they took no snacks into their tents.

Gene says he now regrets not having taken their dog into the tent at night, but they liked having him on guard. Small animals would often come sniffing around, and the dog would chase them back into the thickets, then return to the hollow he'd dug for himself in front of the children's tent. But on the night of the encounter, Spike would not stop barking, and Marie Marsden knew he must be sounding the alarm on something more dangerous and dauntless than a raccoon or squirrel. When she unzipped the tent and shone her flashlight in the direction of the cooking area, she saw Spike attempting to hold at bay a young grizzly bear.

They all managed to pile into the car, and with the kids sitting atop stuffed sacks full of clothes and gear, they drove quickly down the trail, calling out the window to Spike and abandoning the cargo trailer to whatever fate the bear might have in store for it. Uncertain whether the bear was following, one of the children opened a door and loaded Spike up on the run. They drove to a pay phone 20 miles away and called a Fish and Game Department ranger, who identified the bear by the white ruff the Marsdens had seen around his neck. The authorities informed the Marsdens that the bear was a young, recently weaned male that they'd been keeping an eye on.

The next morning, the Marsdens heard helicopters circling over the mountain above them and wondered if it might have something to do with the bear. After spending the night in the public campground, they drove back to their site. Wandering the area in search of clues, Marie came to a halt below the tallest spruce. She slapped her head and shouted, "Oh no!"

"What is it?" Gene asked.

Marie pointed at the ground where Spike's dog food bowl lay upside down.

A week after their return home, the Marsdens read the headline in their local paper. "Bear Euthanized in Wind River." According to the article, the Fish and Game Department had shot the young bear because, having been rewarded for invading a human campsite, it would likely do so again.

The Marsdens knew they had been lucky in the encounter, yet much to their shame and sadness, they also knew that the bear had not.

27. Which of the following statements is true?
   a. The Marsdens went camping in the Wind River Mountains of Wyoming.
   b. The pamphlet on camping in bear country was sent to the Marsdens by the Fish and Game Department.
   c. The Marsdens went camping in the Green River Lakes area near their hometown.
   d. All of the above statements are true.

28. Who does the author imply is mostly to blame in the bear's death?
   a. the Marsdens, because they were not careful enough
   b. the bear, because he invaded a human camp
   c. the Fish and Game authorities, because of poor communication with campers
   d. the Forest Service, for putting out incomplete information

29. In paragraph 2, it can be determined from the context that the word *perused* means
   a. neglected
   b. cleaned
   c. studied
   d. hid

30. In paragraph 3, it can be determined from the context that the word *dauntless* means
   a. stupid
   b. fearless
   c. clumsy
   d. spineless

31. This story is arranged
   a. like a news story, with the most important event told first.
   b. in reverse chronological order, with the last event first.
   c. in standard chronological order, with events told in the order they occurred.
   d. in mixed, random order.

32. What was the reward referred to in the next to last paragraph?
a. the bear seeing the Marsdens run from him
b. the bear receiving no punishment for disturbing humans
c. the bear being able to stand off Spike
d. the bear getting the dog food

33. The tone and style of this piece make it appropriate for which of the following types of publications?
a. a scientific report on human-bear interaction
b. a pamphlet on bear safety such as the one the Marsdens read
c. a statistical study on bear fatalities in the Western mountains
d. a human interest article in the Sunday magazine of a newspaper

A Plains Childhood

When I think of my family's history on the land, I experience a pang of regret. Unlike much of the arid West, where the land has gone virtually unchanged for centuries, my place of origin, western Kansas, has been torn up by agriculture. The flat plains, excellent soil, and sparse but just adequate rainfall permitted farming; therefore, farming prevailed, and a good 90% of the original sod prairie is gone. The consequence, in human terms, is that our relationship to our place has always felt primarily mercantile. We used the land and denied, or held at bay, its effect on us. Yet from my earliest childhood, when most of the Kansas prairie was still intact, I've known that the land also had a romantic quality. I've felt moved by the expanse of it, enthralled by its size. I take pride in my identity as a Plains daughter.

34. Which of the following is the most accurate restatement of the author's position?
a. The presence of people has enriched the Plains habitat.
b. Farming has improved the soil of the Plains.
c. Farming has eroded the natural beauty of the Plains.
d. Farming has chemically polluted the Plains.

35. The argument in this paragraph is based primarily on
a. facts of history and statistical studies.
b. facts derived from the author's personal observations.
c. feelings the author has picked up from personal experience.
d. feelings passed down to the author by her ancestors.

36. From context, it can be determined that the word *mercantile* has something to do with
a. practicality.
b. danger.
c. America.
d. spirituality.

Dear Editor,

At 2:00 A.M. on Monday, July 3rd, three boys from the Iowa Technical Institute were stopped by police officers when the officers saw the boys running down Elm Street. According to Officer Chet Fairfax, the boys were stopped because it was past curfew and because their behavior was suspect. The officers took down the boys' names and addresses and ordered them to return to their dorms at the Institute. The following morning, at 8:00 A.M., Sally Upton, a clerk at Wayne's Bootery on 19th Avenue, was going through her regular shop-opening routine when she noticed that the window of the storage room was broken. As she'd been warned to do by her boss, Wayne Hemphill, she left the store immediately and went across the street to the gas station, where she used the phone to call police. Upon going through the store with Wayne Hemphill and Sally Upton, the police found that over a dozen pairs of men's running shoes had been stolen. The cash register had also been jimmied open, but Hemphill reported that it had been emptied of cash the night before. Because the boys from the Iowa Technical Institute had been stopped within two blocks of the store the night before, police took them in for questioning. According to police records, one of the boys was wearing brand-new Reebok running shoes identical to the shoes missing from Wayne's Bootery. All three boys were arrested and remanded to the juvenile court.

Now let me ask you this: Why is it that every time a crime happens in this town, the boys at the Iowa Technical Institute are automatically presumed guilty of it? I've lived here for 40 years and I've worked at the facility, which, as everyone knows, has had its share of troubled youth. But I also know that the majority of Iowa Tech grads go on to become upstanding citizens. If there weren't so many rich people living in Gillette, people who made their money in the city and moved here thinking they would have all the advantages of small-town America with none of the disadvantages, then we wouldn't have this continual persecution of the boys at the Institute. Most of them come from poor families who can't afford brand-name shoes, but that doesn't mean that just because one of them is wearing a new pair of sneakers, they were stolen.

37. The main topic of this letter to the editor of a daily newspaper is

 a. unfair treatment of students of the Iowa Technical Institute.

 b. the theft of shoes from Wayne's Bootery.

 c. poor investigative practices of the town police department.

 d. the erosion of the quality of life in the town since wealthy people began moving in.

38. According to police, why were the boys arrested?

 a. They had been seen in the area the night before and one of them was wearing shoes identical to those stolen.

 b. They were students of the Iowa Technical Institute and therefore automatically suspect.

 c. They had been running and were out well past curfew.

 d. All of the above statements describe the reasons given by police.

39. Gillette is

 a. the city where the newly arrived rich people used to live.

 b. the town the three boys are originally from.

 c. the town in which the theft occurred.

 d. the neighboring town where the Institute is located.

40. Which of the following statements accurately portrays the content of this letter?

 a. The first paragraph is primarily opinion, while the second is primarily fact.

 b. The first paragraph is primarily fact, while the second is primarily opinion.

 c. Both paragraphs are primarily factual.

 d. Both paragraphs are primarily opinion.

41. In casting blame on the new, rich residents of the town, the correspondent offers

 a. convincing evidence.

 b. unconvincing evidence.

 c. some convincing and some unconvincing evidence.

 d. no evidence.

42. Paragraph 2 of this letter is organized

 a. by order of importance, with the most important idea presented first and the remainder of the paragraph supporting it.

 b. chronologically, with points of the argument relating directly to the order of events.

 c. inductively, with the supporting ideas coming first, and the main assertion coming in the ending.

 d. in no apparent order, with the ideas being presented solely as they occurred to the author.

43. It was discovered that shoes were missing when

 a. Sally Upton opened the store.

 b. police questioned the boys.

 c. police investigated the crime scene.

 d. Sally Upton and Wayne Hemphill did inventory later that week.

44. Which of the following statements best corresponds with the views expressed in the letter?

 a. The boys attending the Institute are mostly poor and should be forgiven for stealing the shoes.

 b. Just because one of the boys was wearing shoes like those stolen doesn't mean he and the other boys are guilty.

 c. Crime has increased in the town since the arrival of the new, rich residents.

 d. Because no cash was stolen, no crime significant enough to warrant arrests was committed.

Domestic Violence
(excerpt from a fact sheet put out by the
U.S. Administration for Children and Families)

Domestic violence encompasses all acts of violence against women within the context of family or intimate relationships. It is an issue of increasing concern because it has a negative effect on all family members, especially children. Domestic violence is not confined to any one socioeconomic, ethnic, religious, racial, or age group. It is the leading cause of injury to women in the United States, where they are more likely to be assaulted, injured, raped, or killed by a male partner than by any other type of assailant. Statistics show that 29 percent of all violence against women by a single offender is committed by an intimate—a husband, ex-husband, boyfriend, or ex-boyfriend. Accurate information on the extent of domestic violence is difficult to obtain because of extensive underreporting. However, it is estimated that as many as four million instances of domestic abuse against women occur annually in the United States. About one-fourth of all hospital emergency room visits by women result from domestic assaults.

This violence takes a devastating toll on children who are exposed to its cruelty. Over three million children witness parental violence every year. Children whose mothers are victims of wife battery are twice as likely to be abused themselves as those children whose mothers are not victims of abuse. When children witness violence in the home, they have been found to suffer many of the symptoms that are experienced by children who are directly abused.

45. According to this fact sheet, the term *domestic violence* applies to acts of violence
 a. occurring within a family dwelling.
 b. suffered by women.
 c. suffered by women and children.
 d. not outlawed by a criminal code.

46. Jennifer, a girl of 14, has witnessed her mother being beaten by her father. According to the fact sheet, what might the result be in terms of her behavior?
 a. She would grow up to be an abuser herself.
 b. She would become an adult victim of abuse.
 c. She would begin acting abusively toward her mother.
 d. She would have symptoms as if she herself had been abused.

47. It is unknown exactly how much domestic violence occurs, because

   a. victims often don't contact authorities.

   b. false accusations lead to faulty statistics.

   c. it is often confused with other types of violence.

   d. statistical surveys have been irregularly performed.

48. *This violence takes a devastating toll on children who are exposed to its cruelty.* An alternative way of saying this would be *This violence hurts children who see it.* Describe the tone in this alternative in comparison with the original.

   a. The tone of the alternative is less formal than that of the original.

   b. The tone of the alternative is more formal than that of the original.

   c. The tone of the alternative is not as direct as that of the original.

   d. The tone of the alternative is not as specific as that of the original.

49. The subject of domestic violence can be quite emotional because of the images it arouses. Overall, this treatise on domestic violence

   a. argues emotionally, depending mainly on scare tactics to make its points.

   b. argues emotionally, relying solely on hearsay and personal opinion.

   c. argues logically, proving its assertions with facts.

   d. argues logically, but doesn't prove its assertions with facts.

50. The author of this treatise is thinking of writing another piece on domestic violence for a popular interest magazine. Which of the following stylistic choices might make the piece more suitable for a popular market?

   a. more statistics describing the prevalence of domestic violence

   b. a more technical and expansive definition of the term *domestic violence*

   c. a detailed account of federal legislation passed regarding domestic violence

   d. first-person accounts describing actual incidents of domestic violence

► Respuestas

1. **b.** Lección 13
2. **d.** Lecciones 6, 7, 13
3. **d.** Lección 1
4. **a.** Lección 2
5. **c.** Lección 2
6. **b.** Lección 18
7. **c.** Lección 12
8. **b.** Lección 17
9. **a.** Lección 1
10. **a.** Lección 8
11. **d.** Lección 14
12. **b.** Lección 8
13. **a.** Lección 16
14. **d.** Lección 4
15. **b.** Lección 13
16. **b.** Lección 3
17. **c.** Lección 12
18. **b.** Lección 13
19. **a.** Lección 11
20. **d.** Lección 12
21. **a.** Lección 8
22. **d.** Lección 16
23. **d.** Lección 6
24. **b.** Lección 11
25. **b.** Lección 16
26. **d.** Lección 17
27. **a.** Lección 1
28. **a.** Lección 16
29. **c.** Lección 3
30. **b.** Lección 3
31. **c.** Lección 6
32. **d.** Lección 16
33. **d.** Lección 13
34. **c.** Lección 16
35. **c.** Lección 4
36. **a.** Lección 3
37. **a.** Lección 2
38. **a.** Lección 9
39. **c.** Lección 1
40. **b.** Lección 4
41. **d.** Lección 18
42. **a.** Lección 7
43. **c.** Lección 6
44. **b.** Lección 16
45. **b.** Lección 1
46. **d.** Lección 17
47. **a.** Lección 1
48. **a.** Lección 13
49. **c.** Lección 18
50. **d.** Lección 11

Apéndice: Prepararse para exámenes ▶

LA MAYORÍA DE NOSOTROS nos ponemos nerviosos al tomar un examen, sobre tido un examen estandarizado, de que nuestros puntajes pueden afectar seriamente nuestro futuro. La nervosidad es natural y aun puede ser beneficiosa si aprende a canalizarla correctamente en energía positiva.

Las páginas siguientes ofrecen sugerencias para superar la ansiedad de tomar un examen tanto en los días y semanas antes del examen como durante el mismo.

▶ Dos o tres meses antes del examen

El mejor método de combatir la ansiedad de un examen es estar preparado. Eso significa dos cosas: saber lo que se espera ver en el examen y revisar el material y las técnicas que se examinarán.

Sepa qué esperar

¿Qué conocimiento o habilidad estará en la prueba? ¿Cuál es lo que se espera que sepa? ¿Qué habilidades tiene que demostrar? ¿Cuál es el formato de la prueba? ¿De alternativa múltiple, falso o verdadero, ensayo? Si es posible, vaya a la biblioteca o a la librería y obtenga una guía de estudio que le demuestre con un ejemplo cómo será el examen. O quizás la agencia que está administrando la prueba provee guías de estudio u ofrece secciones de tutoría. Cuanto más sabe qué esperar, tanto más confidente se sentirá para responder a las preguntas.

Revise el material y las habilidades en las que será examinado

El hecho de que usted esté leyendo este libro significa que ya ha tomado los pasos necesarios en relación a lectura y comprensión. Ahora, ¿hay otros pasos que usted necesita tomar? ¿Hay otras áreas temáticas que usted necesita revisar? ¿Puede mejorarse en esta u otra área? Si realmente está nervioso o si es que ha pasado mucho tiempo desde la última vez que usted revisó el material, se sugiere que quizás sea mejor que compre una nueva guía de estudio, tome una clase en su vecindario o trabaje con un tutor.

Cuanto más sabe lo que se espera en el examen, y tanto más confidente se sentirá usted con el material o las habilidades que ser evaluadas. Por consiguiente, menos ansioso se sentirá; y saldrá mejor en examen.

▶ Los días antes del examen

Revise, no estudie a la rápida

Si ha estado preparándose y revisando el material durante las semanas antes del examen, no hay necesidad de que se desespere sólo días antes de tomarlo. Es muy probable que el estudiar a la rápida lo confunda y haga que se sienta nervioso. En lugar de eso, establezca un horario para revisar relajadamente todo lo que usted ha aprendido.

Actividad física

Haga ejercicios antes del día del éxamen. Al hacerlo enviará más oxígeno a su cerebro y permitirá que su función de razonamiento. Se crezca en el día que tome el examen. Aquí, la moderación es la palabra clave. Usted no quiere hacer tantos ejercicios que después se sienta totalmente cansado, pero un poco de actividad física dará vigor a su cuerpo y cerebro. El caminar es un ejercicio muy bueno, de bajo impacto y promotor de energía.

Dieta balanceada

Como su cuerpo, su cerebro para funcionar necesita los nutrientes apropiados. Antes del día del examen, coma fruta y vegetales en abundancia. Comidas altas en contenido de lecitín, como por ejemplo pescado y habichuelas, son buenas selecciones. Lecitín es una proteína que el cerebro necesita para optimizar su actividad. Es posible que, una cuantas semanas antes del examen, usted pueda considerar una visita a su farmacia local para comprar una botella de lecitín en tabletas.

Descanso

Duerma bien antes de tomar el examen. Pero, no se exceda o quedará un tanto adormitado, como si estuviese cansado. Vaya a dormir a una hora razonable, suficientemente temprano para tener unas cuantas horas que le permitan funcionar efectivamente. Usted se sentirá relajado y descansado si usted puede dormir bien durante los días antes del día del examen.

Marcha de ensayo

En cualquier momento antes de tomar el examen, haga una marcha de ensayo al lugar donde se va a llevar a cabo el examen para determinar cuánto tiempo tardará para llegar allá. El apresurarse incrementa su energía emocional y rebaja su habilidad intelectual; así, tiene que darse tiempo suficiente para llegar al lugar donde se administrará el examen. El llegar diez o quince minutos antes le da tiempo suficiente para calmarse y ubicarse.

Motivación

Para después del examen, planee algún tipo de celebración—con su familia y amigos o simplemente usted solo. Asegúrese que va a ser algo esperado y que se va a disfrutar. Si usted tiene realmente algo que esperar después de tomar el examen, usted podrá prepararse y avanzar más fácilmente durante el examen.

▶ El día del éxamen

Finalmente ha llegado el gran día esperado, el día del examen. Ponga su alarma lo suficientemente temprano para darse el tiempo necesario que requiera llegar al lugar del examen. Tome un buen desayuno. Evite todo lo que tenga un alto contenido de azúcar. Si bien una sobredosis de azúcar hace que uno se sienta alerta y despierto, esto sólo dura por una hora más o menos. Los cereales y los tostadas, o algo que tenga un alto contenido de carbohidratos es la mejor opción. Coma en moderación. No debe tomar el examen con el estómago muy lleno ya que su cuerpo, en lugar de canalizar todas las energías a su cerebro, las canalizará a su estómago.

Enpaque entre sus cosas un bocado alto en contenido energético para que así, si es que hay un descanso intermedio durante el examen, usted pueda comer algo. Los plátanos son lo mejor ya que tienen un contenido moderado de azúcar y suficientes nutrientes cerebrales como potasio. La mayoría de los procuradores de exámenes no dejan que uno coma mientras está tomando el examen, pero un dulce de menta no es un gran problema. Los dulces de menta son como sales aromáticas para el cerebro. Si usted pierde su concentración o sufre de una pérdida momentánea de memoria, un dulce de menta le puede poner otra vez en forma. No se olvide de la recomendación anterior sobre el relajarse y el tomar unos cuantos suspiros profundos.

Salga lo suficientemente temprano para así tener el tiempo suficiente de llegar al lugar del examen. Deje unos cuantos minutos suplementarios para si hay tráfico excesivo. Cuando llegue, ubique los servicios y úselos. No hay muchas cosas interfieran con la concentración como el tener una vejiga llena. Después encuentre su asiento y asegúrese de que esté cómodo. Si no es así, dígaselo al procurador y trate de encontrar en lugar más adecuado.

Ahora relájese, y piense positivamente. Antes de que pueda darse cuenta, el examen habrá terminado y usted saldrá de éste sabiendo que ha hecho un buen trabajo.

▶ Cómo dominar la ansiedad de un examen

Bueno, usted sabe el material incluido en el examen. Usted ha revisado los temas y practicado las técnicas que serán evaluadas. Entonces, ¿por qué sigue sintiendo cosquilleos en el estómago?, ¿por qué tiene las palmas sudorosas y las manos temblorosas?

Aun los examinantes más brillantes, y mejor preparados sufren a veces de ataques de ansiedad antes de una prueba. Pero no se preocupe, usted puede superarlo. A continuación hay una lista de estrategias que le puedan ser útiles.

Tome el examen respondiendo pregunta por pregunta

Toda su atención debe de estar enfocada en la pregunta que está contestando. Borre de su mente pensamientos relacionados con preguntas ya contestadas, y elimine preocupaciones de lo que viene después. Ponga toda su concentración donde le sea más beneficioso, en la pregunta que actualmente está contestando.

Adquiera una actitud positiva

Recuérdese a sí mismo que usted está preparado. A propósito si usted leyó este libro u otro de la serie del *LearningExpress*, puede serque esté mejor preparado que la mayoría de aquéllos que están tomando el examen. Recuerde que es solamente una prueba y que usted tratará de hacerlo lo mejor posible. Eso es todo lo que se puede pedir de usted. Si esa voz de sargento dentro de su cabeza comienza a enviarle mensajes negativos, combátalos con sus propios mensajes positivos. Dígase a sí mismo:

- "Lo estoy haciendo bastante bien."
- "Estoy preparado para este examen."
- "Yo sé exactamente lo que tengo que hacer."
- "Yo sé que puedo obtener el puntaje que deseo."

Usted se puede imaginar. Recuerde de reemplazar mensajes negativos con sus propios mensajes positivos.

Si usted pierde la concentración

No se preocupe mucho. Es normal. Durante un examen largo, le pasa a todo el mundo. Cuando la mente está muy tensa o cansada, lo quiera usted o no, hay que descansar. Es fácil el volver a concentrarse si se da cuenta de que la ha perdido y que necesita descansar un rato. Su cerebro necesita muy poco tiempo para descansar (a veces es cuestión de segundos).

Ponga de lado su lápiz y cierre los ojos. Respire profundamente, y exhale muy lentamente. Escuche el sonido de su respiración mientras repita este ejercicio dos o más veces. Los pocos segundos que toma es el tiempo necesario que su cerebro necesita para relajarse y alistarse para poder enfocarse de nuevo. Este ejercicio también le ayudará a controlar los latidos de su corazón para así poder mantener la ansiedad al margen.

Si usted se llega a paralizar

No se preocupe por una pregunta que le hace tropezar aun si usted sabe su respuesta. Márquela y siga adelante con la pregunta siguiente. Usted puede regresar a la pregunta más tarde. Trate de ponerla completamente de lado hasta que pueda regresar a ella. Deje que su subconsciente trabaje en esa pregunta mientras que su conciencia se enfoque en otras cosas (una por una, naturalmente). Lo más probable es que este olvido pasajero pase cuando usted pueda volver a esa pregunta.

Si usted se paraliza antes de comenzar la prueba, esto es lo que tiene que hacer:

1. Haga ejercicios de respiración ya que le ayudarán a relajarse y enfocarse.
2. Recúerdese que usted está preparado.
3. Tome su tiempo para repasar el examen.
4. Lea algunas de las preguntas.
5. Decida cuáles son las más fáciles y comience por ellas.

Antes de nada usted estará listo.

▶ Estrategias para controlar el tiempo

Uno de los elementos más importantes y también más horripilantes de un examen estandardizado es el tiempo. Ya que usted tendrá solamente cierto número de minutos para cada parte, es muy importante que use sabiamente su tiempo.

Mida su velocidad

Una de las estrategias más importantes es el poder medir su velocidad. Antes de empezar, tome unos segundos para revisar el examen anotando siempre el número de preguntas y partes que son más fáciles que el resto del examen. A continuación haga un horario estimado basándose en el tiempo que tenga para tomar el examen. Marque la parte central del examen y anote al lado de esta marca la hora que será cuando la mitad del tiempo para el examen haya pasado.

Siga adelante

Una vez que haya comenzado a tomar el examen, no pare. Si usted se dispone a trabajar lentamente con la idea de hacer menos errores, su mente se cansará y comenzará a divagar. Entonces, terminará por hacer más errores por no concentrarse. Pero aun si usted tarda mucho tiempo en responder a las preguntas, acabará por perder el tiempo antes de que pueda haber finalizado.

No pare si encuentra preguntas difíciles. Déjelas para más tarde y siga con las otras preguntas; usted puede regresar a ellas más tarde si le queda tiempo suficiente. Una pregunta que puede tardar más de cinco segundos en contestar cuenta igual que otra que tarda más tiempo en contestar. Entonces, escoja primero las preguntas que tienen menos puntaje. Además, el contestar las preguntas fáciles primero le ayudarán a ganar más confidencia y a acondicionarse al examen. ¿Quien sabe si a medida que tome el examen, usted encontrará información relacionada con aquellas preguntas más difíciles?

No se apresure

Siga avanzando, pero no se apresure. Imagínate que su mente es un cerrucho; en uno de sus lados está la energía emocional, y en el otro la energía intelectual. Cuando su energía emocional está alta, su capacidad intellectual está baja. Recuerde lo difícil que es razonar con alguien cuando se encuentra enojado. Por otra parte, cuando su energía intelectual está alta, su energía emocional está baja. El apresurarse eleva su energía emocional y reduce su capacidad intelectual. ¿Recuerda la última vez que llegó tarde al trabajo? Toda esa prisa causó que usted se olvidara de algo importante, como por ejemplo su almuerzo. Tome el examen rápidamente para que su mente no empiece a distraerse, pero no se apresure y termine agitado.

Contrólese a sí mismo

Contrólese en la mitad del examen. Si está muy avanzado, sabe que está en buen camino, y que aun tendrá un poco de tiempo para revisar sus respuestas. Si está un tanto retrasado, tiene las opciones siguientes: usted puede incrementar la velocidad con que responde las preguntas (pero sólo haga esto si se siente cómodo con las preguntas) o puede saltar algunas preguntas para poder ganar algunos puntajes con las repuestas más fáciles. De todas maneras, esta estrategia tiene una desventaja: por ejemplo si usted toma un examen donde tiene que marcar sus repuestas en círculos, si usted marca una pregunta correcta en el círculo incorrecto, sus respuestas serán evaluadas como malas. Preste mucha atención al número de preguntas si decide hacer esto.

▶ Evitar los errores

Cuando toma el examen usted quiere hacer los menos errores posibles. A continuación hay algunas tácticas para recordar:

Contrólese

¿Recuerde la analogía que se hizo de su mente con un cerrucho? El mantener baja su energía emocional y alta su capacidad intelectual, es la mejor manera de evitar errores. Si usted se siente cansado o preocupado, pare por unos cuantos segundos. Reconozca el problema (*Ummm, siento un poco de presión en este momento*), suspire profundamente dos o tres veces, y piense en algo positivo. Esto le ayudará a aliviar su ansiedad emocional e incrementará su capacidad intelectual.

Direcciones

En muchos exámenes estandarizados, muchas veces un procurador lee las instrucciones en voz alta. Asegúrese de que usted entiende todo lo que se requiera en el examen. Si todo no está claro, pregunte. Escuche cuidadosamente las instrucciones para poder contestar las preguntas y asegúrese del tiempo que tiene para completar el exámen. Si es que no sabe cuánto tiempo va a durar el examen, escriba el tiempo de su duración en el examen. Si no tiene toda esta información importante, pregunte para obtenerla. Usted la necesita para poder salir bien en el examen.

Los pasajes de lectura y comprensión

Los exámenes estandarizados muy a menudo ofrecen una sección diseñada para evaluar su capacidad de lectura y comprensión. La sección de lectura generalmente contiene pasajes de un párrafo o más. A continuación hay algunas tácticas para trabajar con estas partes.

Esto puede sonar un tanto extraño, pero algunas preguntas se pueden contestar sin haber leído el pasaje. Si el pasaje es corto (cuatro oraciones más o menos), lea las preguntas primero. Usted puede responder a las preguntas usando el sentido común. Puede revisar sus respuestas más tarde después de que haya leído el pasaje. Sin embargo, si no está seguro no adivine; lea el pasaje cuidadosamente. Si no puede contestar ninguna de las preguntas, igual sabrá qué buscar cuando lea el pasaje. Esto enfoca su lectura y facilita que usted retenga información importante. Muchas de las preguntas se relacionan a detalles aislados del pasaje. Si de antemano usted sabe qué buscar, es más fácil encontrar la información.

Si una lectura es larga y contiene más de diez preguntas, le tomará un rato el leer todas las preguntas primero. De todas maneras, tómese unos cuantos segundos para revisar las preguntas y leer aquéllas que son cortas. Después lea activamente el pasaje. Márquelo y si usted encuentra una oración que parezca establecer la idea principal, subráyela. A medida que usted lea el resto del pasaje, enumere los puntos que apoyen la idea principal. Muchas preguntas se relacionarán a esa información. Si está subrayada o enumerada, usted puede localizarla fácilmente. Otras preguntas pedirán información más

detallada. Encierre en un círculo información referente a quién, qué, cuándo y dónde. Los círculos se localizarán fácilmente si es que usted se encuentra con una pregunta que requiera información específica. El marcal un pasaje de esta manera también le ayudara a realizar su concentración y hará que muy probablemente usted vaya a recordar la información cuando se prepare a responder a las preguntas del pasaje.

Escoger las respuestas correctas por proceso de eliminación

Asegúrese del contenido de la pregunta. Si no está seguro de lo que se está preguntando, nunca sabrá si ha escogido la respuesta correcta. Imagínese qué es lo que la pregunta está indicando. Si la respuesta no es obvia, busque por señas en las otras opciones de preguntas. Note las similitudes y las diferencias en las selecciónes de repuestas. A veces, esto ayuda a ver la pregunta desde una nueva perspectiva y facilita la respuesta. Si no está seguro de la respuesta, use el proceso de eliminación. Primero, elimine cualquier respuesta posible que sea obviamente incorrecta. Luego estudie las demás posibilidades. Usted puede usar información relacionada que se encuentra en otras partes del exámen. Si no puede eliminar ninguna de las repuestas posibles, es mejor que salte la pregunta, continúe con otra y regrese a ésta más tarde. Si usted todavía sigue teniendo el mismo problema de eliminación más tarde, adivine sus repuestas y continúe tomando el exámen.

Si usted es penalizado por contestar respuestas incorrectas

Antes del examen, usted debe de saber si hay algún castigo por contestar con respuestas incorrectas. Si no está seguro, préguntele al procurador antes de que comience el exámen. Algunos exámenes estandarizados se evalúan de manera que por cada respuesta incorrecta, se reduzca el puntaje por un cuarto o la mitad de un punto. Cualquiera que sea la penalidad, si usted puede eliminar las opciones suficientes, para así lograr reducir la posibilidad de ser penalizado por contestar incorrectamente, elimine las más que pueda.

Imagínase que usted está tomando un examen en el cual cada pregunta tiene cuatro opciones y usted será penalizado por un cuarto de punto por cada respuesta equivocada. Si no puede eliminar ninguna de las preguntas, es mejor que deje la respuesta sin contestar, ya que la posibilidad de responder correctamente es una de cada cuatro. Hace que la penalidad y la posibilidad sean iguales. De todas maneras, si usted puede eliminar una de las respuestas posibles, las posibilidades están ahora en su favor. Usted tiene la opción de uno en tres de responder a la pregunta correctamente. Afortunadamente, muy pocos exámenes se evalúan según este sistema tan elaborado, pero si su examen es uno de ellos, esté al tanto de las penalidades y calcule sus opciones antes de adivinar una pregunta.

Si usted termina temprano

Use cualquier tiempo que le quede al final del examen o al final de una parte para revisar su trabajo. Primero, asegúrese de que ha puesto las respuestas en el lugar adecuado y mientras hace esto también asegúrese de que ha contestado cada pregunta una sola vez. Muchos exámenes estandarizados se evalúan de una manera en que preguntas con más de dos respuestas sean marcadas como incorrectas. Si usted ha borrado una respuesta, asegúrese de que lo ha hecho bien. Preste atención a marcas o borrones que puedan interferir con la evaluación del mismo.

Después de haber revisado estos errores posibles, revise una vez más las preguntas más difíciles. Si bien quizás usted haya oído la creencia popular que es mejor no cambiar una pregunta, no tome este consejo en serio. Si tiene una buena razón para creer que una respuesta está incorrecta, cámbiela.

▶ Después del examen

Una vez que haya terminado, felicítese a sí mismo. Usted ha trabajado bastante para prepararse. Es hora de relajarse y divertirse. ¿Recuerda aquella celebración planeada antes del examen? Ahora ha llegado el momento de celebrar.

¡Buena suerte!

NOTES

NOTES

NOTES

NOTES

NOTES

NOTES

NOTES

NOTES

NOTES

NOTES